FastAPI로
배우는
백엔드 프로그래밍
with 클린 아키텍처

FastAPI로 배우는 백엔드 프로그래밍 with 클린 아키텍처

1판 1쇄 발행 2024년 10월 25일

지은이 한용재
펴낸이 장성두
펴낸곳 주식회사 제이펍

출판신고 2009년 11월 10일 제406-2009-000087호
주소 경기도 파주시 회동길 159 3층 / **전화** 070-8201-9010 / **팩스** 02-6280-0405
홈페이지 www.jpub.kr / **투고** submit@jpub.kr / **독자문의** help@jpub.kr / **교재문의** textbook@jpub.kr

소통기획부 김정준, 이상복, 안수정, 박재인, 송영화, 김은미, 배인혜, 권유라, 나준섭
소통지원부 민지환, 이승환, 김정미, 서세원 / **디자인부** 이민숙, 최병찬

기획 및 진행 김은미 / **교정·교열** 김도윤 / **내지 디자인** 이민숙 / **내지 편집** 백지선 / **표지 디자인** 최병찬
용지 타라유통 / **인쇄** 해외정판사 / **제본** 일진제책사

ISBN 979-11-93926-52-9 (93000)
책값은 뒤표지에 있습니다.

제이펍은 여러분의 아이디어와 원고를 기다리고 있습니다. 책으로 펴내고자 하는 아이디어나 원고가 있는 분께서는
책의 간단한 개요와 차례, 구성과 지은이/옮긴이 약력 등을 메일(submit@jpub.kr)로 보내주세요.

FastAPI로
배우는
백엔드 프로그래밍
with 클린 아키텍처

한용재 지음

Jpub
제이펍

차 례

<table>
</table>

CHAPTER 1

FastAPI 개발 환경 구축   1

CHAPTER 2

클린 아키텍처   25

김용현(Microsoft MVP)

이 책에서는 유지보수가 쉬운 좋은 코드를 만들기 위한 기본 법칙을 바탕으로, FastAPI를 이용해 간단한 서비스를 구축하는 방법을 설명합니다. 기본적인 내용일 수 있지만, 시간에 쫓겨 결과만 내는 코딩 습관을 돌아보고 개선할 수 있는 소중한 기회를 제공합니다.

김진영

이 책은 FastAPI라는 신규 프레임워크 외에도 도커, 포어트리, 객체 관계 매핑, 클린 아키텍처 등의 개념을 소개합니다. 클린 아키텍처에 관점을 두고 진행한 점이 즐거운 포인트였습니다. 파이썬을 메인으로 사용하는 개발자가 아니지만, 다른 언어를 사용할 때도 필요한 내용이기 때문에 학습 난도는 있지만 충분한 가치가 있는 책입니다.

김호준(에이블소프트)

FastAPI 자체만으로도 흥미로운데 클린 아키텍처까지 다루니 일석이조 느낌의 책입니다. 특히 파이단틱의 데이터 검증 기능을 다루는 부분은 정말 흥미로웠습니다. 파이썬을 이제 막 배운 개발자에게는 다음 과정으로, FastAPI에 입문하려는 개발자에게는 첫 시작점으로 추천합니다.

박수빈(엔씨소프트)

FastAPI의 매력을 제대로 경험할 수 있었습니다. 진입하기까지의 과정이 매우 단순하며, 하나의 API를 만드는 과정도 부담스럽지 않았고, 결과는 놀라웠기 때문입니다. 무엇이든 만들면서 익히면 친근하게 느껴지기도 하는데, 그런 과정을 경험하게 도와줍니다. RESTful API를 개발하고 싶지만,

마음에 맞는 프레임워크를 찾지 못했다면, 우선 이 책을 통해 FastAPI를 경험해보라고 권하고 싶습니다.

 박조은(오늘코드)

FastAPI와 클린 아키텍처를 결합하여 웹 애플리케이션 개발의 모범 사례를 제시합니다. FastAPI의 경량성과 파이단틱 유효성 검사 기능을 활용하여 효율적이고 유지보수 가능한 코드를 작성하는 방법을 설명합니다. 계층적 코드 분리와 테스트의 중요성을 강조하며, 실용적인 예제들을 통해 실무 적용 능력을 키울 수 있습니다. 단순한 기능 설명을 넘어 개발 철학과 원칙을 함께 배울 수 있는 책입니다.

 양성모(현대오토에버)

전반적으로 책의 문장이나 설명이 어색하지 않고 읽기 좋았습니다.

 윤승환(코드벤터)

간단 명료한 FastAPI의 매력을 알게 되었고, 기회가 된다면 백엔드를 FastAPI로 구성하여 연동하고 싶은 욕구가 생겼습니다. 책의 내용은 깊이 있고, 설명은 명확하여 이해하기 쉬웠습니다.

 이석곤((주)아이알컴퍼니)

FastAPI를 활용해 클린 아키텍처로 백엔드를 개발하는 과정을 단계별로 학습합니다. 각 장에서 제공되는 실습 예제와 단계별 설명 덕분에 초보 개발자도 쉽게 따라 할 수 있었습니다. 실무에서 바로 적용할 수 있는 유용한 정보가 가득하고, FastAPI의 장점을 극대화하여 클린 아키텍처를 구현하고자 하는 모든 개발자에게 강력히 추천합니다. 이 책을 통해 FastAPI의 강력함을 체감하며 백엔드 개발에 대한 자신감을 키울 수 있었습니다.

 정태일(삼성SDS)

파이썬 기반의 REST API 프레임워크로서 서비스 구축에 최적인 FastAPI를 활용하여 잘 구조화된 서비스를 만들기 위한 기본기를 갖추는 데 도움이 됩니다. FastAPI를 현업에서 사용하면서 참 많은 매력을 느끼고 잘 쓰고 있는데, 하나씩 하나씩 찾고 적용해가며 알게 된 내용들이 이 책에 잘 정리되어 있어 좋았습니다.

정현준

파이썬 프레임워크에서 가장 인기가 있는 건 여전히 전통의 강자 장고일 겁니다. 그 뒤를 쫓는 여러 프레임워크가 있는데, 최근 눈에 띄는 건 단연 FastAPI입니다. 특히 파이썬의 생산성과 비동기를 통한 성능을 함께 추구한다면, 가장 확실한 선택일 겁니다. 이처럼 유망한 FastAPI를 배울 수 있는 탁월한 책입니다.

한상곤(부산대학교)

저는 플라스크를 주로 사용하는데, 플라스크와 사뭇 다른 FastAPI만의 특징을 알 수 있게 되었습니다. 플라스크에 비해 조금 '깐깐한' 면이 있지만, @inject와 파이단틱 등을 활용하는 부분에서 재미있는 경험이었습니다. 이 책은 핸즈온 형식으로 진행되기 때문에 코드를 작성하면서 빠르게 익힐 수 있습니다.

허민(한국외국어대학교)

TIL 앱을 만드는 예제를 통해 FastAPI 활용법을 빠르게 익힐 수 있는 책입니다. 단순히 구현에만 그치는 것이 아니라 '도메인', '애플리케이션', '인터페이스', '인프라'로 나눈 계층별 구현을 통해 클린 아키텍처를 실전에 적용해볼 수 있다는 것이 인상적입니다. 그 외에도 포어트리로 가상환경을 구성하고 JWT로 보안 수준을 제고하는 등 FastAPI와 궁합 좋은 에코 기술을 함께 익힐 수 있는 것이 장점입니다.

시작하며 ─────────────────────────────────

클린 아키텍처는 이 아키텍처의 제안자인 엉클밥(본명 로버트 C. 마틴Robert C. Martin)의 저서 《클린 아키텍처》(인사이트, 2019)를 통해 다루어졌으며, 여러 커뮤니티에서 논의된 주제다. 이 주제를 다시 꺼내든 이유는 파이썬에서 이를 제대로 적용한 책과 한글 자료가 부족하다고 느꼈기 때문이다. 필자는 현재 몸담은 회사에서 장고를 주요 웹 프레임워크로 사용하고 있는데, 장고는 그 구조가 정형화돼 있어 클린 아키텍처를 적용하기가 애매하다. 따라서 필자는 장고 프로젝트에 클린 아키텍처를 구축하기 위해, FastAPI에서 기본으로 제공하고 있는 파이단틱 유효성 검사 및 여러 기능과 유사한 기능을 직접 모듈로 만들고 있다.

FastAPI를 처음 접하고 느낀 점은 기본기가 잘 갖추어진 프레임워크라는 점이다. FastAPI는 장고보다 가볍고, 플라스크보다 API를 쉽고 수준 있게 작성할 수 있도록 해준다. 그리고 기본 문서가 매우 잘 갖추어져 있다. 하지만 모든 프레임워크의 기본서나 문서가 그러하듯 운영 수준의 소스 코드 구조가 갖추어진 아키텍처는 설명하지 않는다. 당연히 문서는 기본 기능이 동작하는 짧은 코드 스니펫 위주로 돼 있기 때문이다. 다행인 점은 FastAPI는 장고보다 클린 아키텍처를 구현하기가 더 용이하다는 것이다.

클린 아키텍처에 대해 비판적인 시각이 있다는 것도 알고 있다. 계층이 많아짐에 따라 코드의 양이 늘어나고, 계층별로 테스트 코드의 양 역시 증가한다. 이에 따라 생산성이 떨어진다고들 한다. 하지만 이는 단점이 아니라 오히려 장점이라고 생각한다. 계층별로 분리된 코드는 이해하기 쉽다. 이해하기 쉬운 코드는 버그를 적게 양산한다. 또한 계층별로 분리된 코드는 테스트를 작성하기도 수월하다. 게다가 확장성과 모듈 교체가 쉬워진다.

장인은 도구를 가리지 않는다. 하지만 필자는 데이비드 토머스David Thomas와 앤드루 헌트Andrew Hunt가 《실용주의 프로그래머》(인사이트, 2022)에서 말한 것처럼 매년 새로운 언어나 프레임워크를 학습하라는 조언을 따르려고 노력한다. 프로그래밍에도 유행이 있다. 비록 당장 사용하지는 않더라도 새로운 개념을 익히면 내가 주로 사용하는 기술에도 접목해볼 수 있고, 더 나은 아이디어를 얻을 수도 있다.

이제 필자도 FastAPI라는 좋은 무기를 하나 가지게 됐다. 독자 여러분도 그러하길 기대한다.

한용재

이 책에 대하여 _____

FastAPI는 최근 들어 인기를 얻고 있는 파이썬 기반 웹 프레임워크다. 이 책은 대부분의 웹 프레임워크에 관한 책과 같이 프레임워크에서 제공하는 기술을 백과사전식으로 나열하지 않는다. FastAPI 공식 문서가 매우 훌륭하고 이해하기 쉽게 작성돼 있기 때문이다. 이 책은 FastAPI 기반의 간단한 백엔드 소프트웨어를 클린 아키텍처로 작성하도록 안내하는 데에 초점을 둔다.

대상 독자

이 책은 웹 개발, 특히 백엔드 프로그래밍을 처음 접하는 독자들도 백엔드 개발에 필요한 지식과 기술을 쉽게 배울 수 있도록 작성됐다. 또한 다른 파이썬 기반 프레임워크를 사용하고 있다고 해도, 이 책에서 설명하는 클린 아키텍처를 독자 자신의 코드 베이스에 쉽게 적용할 수 있을 것이다.

이 책에서 사용하는 기술

운영체제는 macOS를 이용해 코드를 구성하고 테스트를 거쳐 작성했다. 하지만 처음에 개발 환경을 세팅할 때만 다를 조금 다를 뿐 애플리케이션을 만드는 과정은 크게 다르지 않다. 윈도우 환경에서도 테스트를 거쳤으며, 윈도우에서의 예외적인 상황에 대해서도 언급하고 있으니 어렵지 않게 따라 할 수 있을 것이다.

- 파이썬 가상 환경: 포어트리
- 파이썬: v3.11.x
- MySQL: v8.x

- FastAPI: v0.111.x

- SQLAlchemy: v2.0.x

- Alembic: v1.12.x

- 셀러리: v5.3.x

소스 코드

이 책에서 소개하는 모든 소스 코드는 필자의 깃허브에 올려두었다. 각 장의 각 절에서 완성된 소스는 해당 브랜치(예를 들어 3장 1절과 관련한 소스는 03-01 브랜치)에서 확인할 수 있다.

- https://github.com/dextto/fastapi-ca

1

FastAPI 개발 환경 구축

이 장에서는 FastAPI를 이용한 웹 개발 환경을 구축하는 방법을 설명한다. 가상 환경을 구축하기 위해 포어트리를 이용하는 방법을 배우고, 엔드포인트가 하나인 아주 단순한 서버를 구축한다. 또한 FastAPI가 자동으로 생성해주는 API 문서를 살펴보고, 데이터베이스를 활용할 준비를 마친다. 마지막으로 이 책에서 함께 만들어갈 서비스를 소개한다.

1.1 FastAPI 소개

FastAPI(https://fastapi.tiangolo.com)는 파이썬 기반의 오픈소스 웹 프레임워크다. 2018년에 세바스티안 라미레스Sebastián Ramírez가 세상에 처음 선보인 이후 꾸준히 발전하고 있다. 아직 1.0 버전은 출시되지 않았다. 그럼에도 넷플릭스Netflix, 우버Uber, 시스코 시스템즈Cisco Systems 등의 큰 조직에서 사용하고 있다. 스택 오버플로Stack Overflow에서 진행한 2024년 설문 조사 중 '웹 프레임워크 및 기술' 항목에서는 14위를 차지했다.[1] 파이썬 기반의 웹 프레임워크로 제한하면 플라스크, 장고의 뒤를 이어 3위를 차지하고 있다.

---

1   https://survey.stackoverflow.co/2024/technology#1-web-frameworks-and-technologies

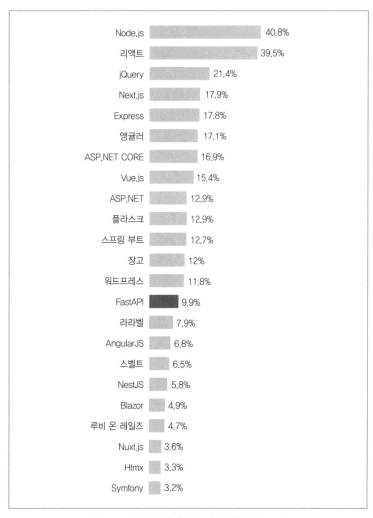

그림 1-1 **2024년 인기 있는 웹 프레임워크 순위**

FastAPI는 파이썬 버전 3.7 이상을 필요로 한다. 파이썬에서 제공하는 타입 힌트를 적극 활용하고 있다. 공식 문서에서 이야기하는 FastAPI의 주요 특징은 다음과 같다.[2]

1. 실행 속도가 빠르다.

FastAPI는 스탈렛,[3] ASGI와 파이단틱[4]을 적용했다. 이에 따라 현재 사용할 수 있는 파이썬 프레임워크 중 가장 빠른 성능을 자랑한다. Node.js, Go와 비교해 동등한 성능을 가지고 있다.

---

2   2, 3번 항목은 FastAPI 팀 내부 인원이 개발하고 있는 상용 애플리케이션과 테스트 코드를 기반으로 측정한 결과다.
3   고성능 비동기 웹 애플리케이션 개발을 위한 경량 ASGI 프레임워크다. https://www.starlette.io/
4   데이터 유효성 검사 라이브러리. 핵심 로직이 러스트(Rust)로 작성돼 있어 속도가 빠르다. https://docs.pydantic.dev

2. **코드 생산성이 높다.**

다른 프레임워크에 비해 기능 개발 속도가 약 2배에서 3배 빠르다.

3. **버그가 줄어든다.**

개발자가 만드는 오류가 약 40% 줄어든다.

4. **직관적이다.**

비주얼 스튜디오 코드Visual Studio Code, VS Code나 파이참PyCharm 같은 훌륭한 편집기의 지원으로, 어떤 코드를 작성하든 자동 완성 기능을 사용할 수 있다. 이 덕분에 디버깅에 투자하는 시간이 줄어든다.

5. **쉽다.**

사용하고 배우기 쉽도록 설계됐다. 문서를 읽는 데 들이는 시간이 줄어든다.

6. **간결하다.**

코드 중복을 최소화한다. 각 매개변수를 선언하는 것으로 여러 기능을 얻을 수 있다.[5] 이에 따라 버그가 줄어든다.

7. **강건하다.**

프로덕션에서 사용할 수준의 코드를 쉽게 작성할 수 있다. 또한 API 문서를 자동으로 생성한다.

8. **표준을 준수한다.**

API에 대한 표준인 **OpenAPI**(이전에 스웨거Swagger로 많이 알려져 있음) JSON 스키마를 기반으로 하며 이와 완전히 호환된다.

웹 프레임워크 벤치마크 결과[6]를 보면 FastAPI의 성능을 가늠해볼 수 있다. 그림 1-2는 파이썬 웹 프레임워크의 쿼리 성능을 보여준다. 여기서 1위인 microdot-asgi-raw는 가볍고, 단순한 웹 프레임워크로서 고성능의 비동기 웹 애플리케이션을 작성할 수 있다. 따라서 마이크로서비스나 IoT 장치와 같이 리소스가 제한된 환경과 같은 기본적인 웹 애플리케이션 요구사항을 충족시킬 수 있으면 사용할 수 있다. 하지만 여러 라이브러리 생태계와 추가 기능을 이용하기에는 제한적이기 때문에 일반적인 웹 애플리케이션을 개발하기에 적절하지 않다.

---

5   의존성 주입 기능을 기본으로 제공하므로 필요한 기능을 매개변수로 전달받을 수 있다.
6   https://www.techempower.com/benchmarks/#hw=ph&test=query&section=data-r22&l=zijzen-cn3

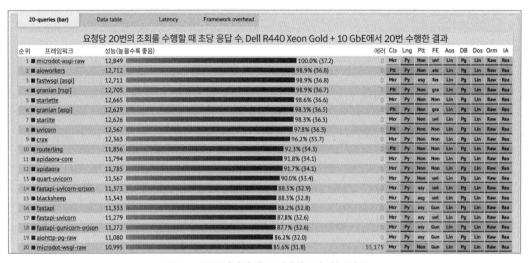

그림 1-2 **주요 파이썬 웹 프레임워크의 성능 비교**

파이썬 기반 웹 프레임워크 중 가장 많이 사용하는 **장고**Django, **플라스크**Flask와 FastAPI의 특징을 비교해보자.

표 1-1 **장고, 플라스크, FastAPI 비교**

프레임워크	특징
장고	• 기능이 풍부하다. 웹 프레임워크가 갖추어야 할 수많은 기능이 내장돼 있다. 특히 장고의 객체 관계 매핑으로 데이터베이스를 쉽게 다룰 수 있다. 하지만 이로 인해 동작이 무겁고 구동에 시간이 더 소요된다. • **MVC**model-view-controller 또는 **MVT**model-view-template 패턴을 기본 아키텍처로 가진다. • 장고 어드민 앱을 지원하므로, 어드민 기능을 손쉽게 구현할 수 있다. • 공식 문서가 상세하고 참고 자료가 많다. • 다른 프레임워크에 비해 학습 시간이 더 필요하다.
플라스크	• 가볍게 구동시킬 수 있는 서버를 빨리 만들 수 있다. • 라우팅, 템플릿, 데이터베이스 연동 등의 기능을 기본으로 제공한다. • 기본으로 제공하는 기능이 적으므로 필요한 기능을 확장할 때 적합한 라이브러리를 직접 찾아서 적용해야 한다. 하지만 그만큼 자유도가 높다. • 빠르게 프로토타이핑하기에 적합하다.
FastAPI	• 장고와 플라스크의 중간 정도의 기본기능을 제공하지만 가볍고 속도가 빠르다. • 학습 곡선이 낮으므로 쉽게 배울 수 있다. • 다른 프레임워크에 비해 커뮤니티의 수가 적고 자료가 부족하다.

이제 함께 FastAPI의 세계로 들어가보자!

1.2 포어트리를 이용한 가상 환경과 의존성 관리

이 책을 읽는 독자들은 아마 하나 이상의 기기에 이미 프로그래밍 환경을 구축해놓았을 것이다. 파이썬 버전 3.6을 사용하고 있을 수도 있고, 사용하고 있는 여러 패키지가 전역 환경에 이미 설치돼 있을 수 있다. FastAPI는 3.7 이상의 파이썬 버전이 필요하다. 따라서 기존 환경과 의존성 문제가 발생할 수 있다. 또한, 이 책에서 소개하는 예제를 문제없이 실행하기 위해 파이썬 버전을 3.11로 진행하기를 바란다. 파이썬 버전 3.12가 2023년 10월에 출시되었지만 아직 완벽히 호환되지 않는 라이브러리가 있기 때문이다.

의존성 문제를 해결하기 위해 가상 환경을 분리해야 한다. 파이썬 생태계에는 파이썬에 내장돼 있는 `venv`나 따로 설치해서 사용할 수 있는 `virtualenv`, `pyenv`, `pyenv-virtualenv`, `pipenv` 등 여러 라이브러리가 있다. 이 책에서는 `poetry`를 이용해 가상 환경을 구축한다.

포어트리Poetry는 패키징 생태계를 더욱 예측 가능하고 간편하게 다룰 수 있는 환경을 제공하는 것을 목표로 하는 오픈소스 프로젝트다. 포어트리를 설치하면 다음과 같은 작업을 수행할 수 있다.[7]

- 새로운 파이썬 프로젝트와 가상 환경을 함께 생성한다.
- 기존 프로젝트에 가상 환경을 초기화할 수 있다.
- 프로젝트 의존성을 관리한다.
- 라이브러리를 패키징한다.

포어트리를 사용하려면 `pip`를 이용해 먼저 포어트리를 사용자 환경에 설치해야 한다. 참고로 포어트리 공식 문서[8]에는 OS별로 설치하는 방법을 안내하고 있지만 `pip`를 이용하면 OS에 상관없이 설치해 사용할 수 있다.[9]

```
$ pip install poetry
```

윈도우를 사용한다면 환경변수 중 `Path` 변수에 파이썬 패키지의 경로를 추가해야 한다.

---

7 《전문가를 위한 파이썬 프로그래밍》(제이펍, 2022)의 2.4.1절을 참고하자.
8 https://python-poetry.org/docs/#installing-with-the-official-installer
9 pip로 포어트리가 설치되지 않는다면 공식 문서를 참고하여 설치하도록 하자. https://python-poetry.org/docs/#installation

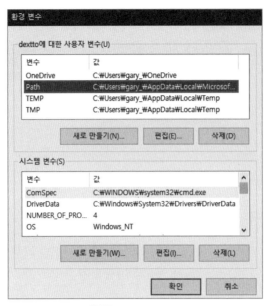

그림 1-3 **환경변수 `Path`에 파이썬 패키지 경로를 추가한다.**

`Path` 변수를 선택한 후 [편집(E)...] 버튼을 누른다. 이후 [새로 만들기(N)]를 눌러 파이썬 3.11가 설치돼 있는 경로의 Scripts 디렉터리 위치를 추가했다.

그림 1-4 **파이썬이 설치된 경로의 Scripts 디렉터리를 추가한다.**

이제 프로젝트 소스를 저장할 디렉터리를 생성하고 `poetry init` 명령어로 가상 환경을 설정한다.

```
$ mkdir fastapi-ca
$ cd fastapi-ca
$ poetry init
This command will guide you through creating your pyproject.toml config.

Package name [fastapi-ca]:
Version [0.1.0]:
Description []:
Author [dexter <dexter.haan@gmail.com>, n to skip]:
License []:
Compatible Python versions [^3.11]:

Would you like to define your main dependencies interactively? (yes/no) [yes]
You can specify a package in the following forms:
  - A single name (requests): this will search for matches on PyPI
  - A name and a constraint (requests@^2.23.0)
  - A git url (git+https://github.com/python-poetry/poetry.git)
  - A git url with a revision (git+https://github.com/python-poetry/poetry.git#develop)
  - A file path (../my-package/my-package.whl)
  - A directory (../my-package/)
  - A url (https://example.com/packages/my-package-0.1.0.tar.gz)

Package to add or search for (leave blank to skip):

Would you like to define your development dependencies interactively? (yes/no) [yes]
Package to add or search for (leave blank to skip):

Generated file

[tool.poetry]
name = "fastapi-ca"
version = "0.1.0"
description = ""
authors = ["dexter <dexter.haan@gmail.com>"]
readme = "README.md"


[tool.poetry.dependencies]
python = "^3.11"


[build-system]
requires = ["poetry-core"]
build-backend = "poetry.core.masonry.api"
```

```
Do you confirm generation? (yes/no) [yes]
$
```

설치 과정에서 여러 가지 질문을 하는데 모두 엔터를 입력해서 기본 설정으로 구성했다. 중간에 설치하고자 하는 패키지를 선언하는 방법을 설명하고 있다. 숙지해두면 다음에 패키지를 추가할 때 유용하다.

```
You can specify a package in the following forms:
  - A single name (requests): this will search for matches on PyPI
  - A name and a constraint (requests@^2.23.0)
  - A git url (git+https://github.com/python-poetry/poetry.git)
  - A git url with a revision (git+https://github.com/python-poetry/poetry.git#develop)
  - A file path (../my-package/my-package.whl)
  - A directory (../my-package/)
  - A url (https://example.com/packages/my-package-0.1.0.tar.gz)
```

예를 들어 패키지를 추가하고자 한다면 다음과 같이 선언할 수 있다.

- 패키지의 이름: `requests`
- 패키지와 특정 버전: `requests@^2.23.0`
- 깃 URL: `git+https://github.com/python-poetry/poetry.git`
- 깃 URL과 특정 리비전: `git+https://github.com/python-poetry/poetry.git#develop`
- 로컬 PC의 패키지 설치 파일 경로: `../my-package/my-package.whl`
- 로컬 PC의 패키지 설치 파일이 존재하는 디렉터리: `../my-package/`
- 패키지 설치 파일이 있는 URL: `https://example.com/packages/my-package-0.1.0.tar.gz`

가상 환경 설정을 마치면 **pyproject.toml 파일**이 생성된다. 이제 새로운 패키지가 필요하다면 이 파일에 직접 추가하고 `poetry install` 명령으로 설치해도 된다. 참고로 `poetry new {project-name}` 명령어를 실행하면 project-name 디렉터리 생성과 함께 pyproject.toml 파일이 생성된다.

가상 환경을 설정했으나 아직 가상 환경이 실행된 상태는 아니다. 가상 환경을 구동시켜보자. `poetry shell` 명령어를 입력한다.[10]

---

10 윈도우의 경우 보안 정책 때문에 파워셸을 관리자 모드로 실행한 후, 프롬프트에 먼저 `Set-ExecutionPolicy Unrestricted`를 입력해야 정상적으로 구동된다.

```
$ poetry shell
Creating virtualenv fastapi-ca-6_xzty7g-py3.11 in /Users/dexter/Library/Caches/pypoetry/
virtualenvs
Spawning shell within /Users/dexter/Library/Caches/pypoetry/virtualenvs/fastapi-ca-6_
xzty7g-py3.11
$ emulate bash -c '. /Users/dexter/Library/Caches/pypoetry/virtualenvs/fastapi-ca-6_
xzty7g-py3.11/bin/activate'
(fastapi-ca-py3.11) $
```

셀의 마지막 줄을 보면 현재 구동 중인 가상 환경의 이름이 괄호 안에 표시돼 있다. 이 이름은 자동으로 생성된다. (fastapi-ca-py3.11)은 필자의 zsh 환경에서 가상 환경으로 진입했을 때 표시되는 부분이다. 독자의 환경마다 다를 수 있다는 점에 유의하자.

위 출력 결과는 실제 가상 환경이 설치돼 있는 경로를 표시하고 있다. 필자의 경우 /Users/dexter/Library/Caches/pypoetry/virtualenvs/fastapi-ca-6_xzty7g-py3.11 경로에 가상 환경이 생성됐고, 이제 가상 환경에서 패키지를 설치하면 이 경로 하위에 설치된다.

poetry install 명령어는 .toml 파일에 선언된 패키지를 설치하는 명령어다.

```
(fastapi-ca-py3.11) $ poetry install
Updating dependencies
Resolving dependencies... (0.1s)

Writing lock file
```

이 명령어를 실행할 때 다음과 같은 경고가 발생할 수 있다.

```
Warning: The current project could not be installed: [Errno 2] No such file or directory:
'/Users/do-yoon/work/fastapi-ca/README.md'
If you do not want to install the current project use --no-root.
If you want to use Poetry only for dependency management but not for packaging, you can
disable package mode by setting package-mode = false in your pyproject.toml file.
In a future version of Poetry this warning will become an error!
```

이 경고가 발생하면 프로젝트의 루트 경로에 **README.md 파일**을 추가한다. 또한 pyproject.toml 파일에 다음 내용을 추가한다.

```
[tool.poetry]
```

```
--생략--
package-mode = false
```

실행하면 **poetry.lock 파일**이 생성된다.[11] 이 파일은 다음 명령어로도 만들 수 있다.

```
(fastapi-ca-py3.11) $ poetry lock
```

poetry.lock 파일은 여러 패키지가 함께 설치돼야 할 때 패키지 간의 의존성이 해결된 현재 상태를 뜻한다. 따라서 패키지를 모두 삭제한 상태에서 `poetry install` 명령어를 수행하면 poetry. lock 파일에 기술돼 있는 패키지의 버전으로 설치된다. 만약 어떤 패키지의 새로운 버전이 업데이트돼 의존성이 깨졌다고 하더라도, 의존성이 해결된 기존 버전의 패키지를 설치할 수 있다. 또한 이 파일을 저장소에서 잘 관리함으로써 언제나 다른 팀원과 같은 개발 환경을 구축할 수 있다.

1.3 Hello, FastAPI

이제 FastAPI를 설치해보자. `poetry add` 명령어를 이용해 패키지를 추가한다.

```
(fastapi-ca-py3.11) $ poetry add fastapi
Using version ^0.111.0 for fastapi

Updating dependencies
--생략--

Package operations: 35 installs, 0 updates, 0 removals

  - Installing mdurl (0.1.2)
  - Installing idna (3.7)
  - Installing markdown-it-py (3.0.0)
  - Installing pygments (2.18.0)
  - Installing sniffio (1.3.1)
  - Installing anyio (4.4.0)
  - Installing certifi (2024.6.2)
--생략--
```

---

11 만약 파일이 생성되지 않고 오류가 발생한다면 `poetry install` 다음에 `--no-root` 혹은 `--no-directory` 옵션을 추가해 기존 환경을 무시하고 설치한다.

집필 중인 시점에서 최신 버전인 0.111.0이 설치됐다. 그리고 FastAPI가 필수로 하는 여러 패키지도 함께 설치됐다.

FastAPI를 구동시키려면 **ASGI**asynchronous server gateway interface 서버가 필요하다. 공식 문서에서는 유비콘 또는 하이퍼콘을 추천한다.

유비콘Uvicorn[12]은 사이썬 기반의 ASGI 서버이며, 비동기 코드를 지원한다. 유비콘은 성능이 매우 우수하고 빠르며 대규모 응용 프로그램에 적합하다. **하이퍼콘**Hypercorn[13]도 비동기 코드를 지원하는 ASGI 서버이지만, 유비콘보다는 약간 느릴 수 있다. 하지만 높은 처리량이나 낮은 지연시간을 필요로 하는 작업에는 하이퍼콘이 적합하다. 하이퍼콘은 여러 프레임워크와 호환되는 플러그인 시스템을 지원해 다양한 설정 및 확장 기능을 제공한다. 이에 비해 유비콘은 주로 FastAPI와 함께 사용되도록 설계됐다. 비동기 처리 방식에 있어 유비콘은 파이썬의 `uvloop` 라이브러리를 사용해 이벤트 루프를 빠르게 처리한다. 하이퍼콘은 멀티 프로세스와 워커를 지원해 멀티 코어 시스템에서의 병렬처리를 쉽게 할 수 있다.

일반적으로 작은 규모의 프로젝트나 FastAPI만 사용하는 경우에는 유비콘이 적합하고, 더 복잡한 환경에서는 하이퍼콘이 더 많은 유연성을 제공한다고 할 수 있다. 이 책에서는 유비콘을 사용한다.

```
(fastapi-ca-py3.11) $ poetry add "uvicorn[standard]"
Using version ^0.30.1 for uvicorn

Updating dependencies
--생략--

Package operations: 9 installs, 0 updates, 0 removals


  - Installing colorama (0.4.6)
  - Installing click (8.1.7)
  - Installing h11 (0.14.0)
  - Installing httptools (0.6.1)
  - Installing python-dotenv (1.0.1)
  - Installing pyyaml (6.0.1)
```

---

12 https://www.uvicorn.org
13 https://github.com/pgjones/hypercorn

```
 - Installing watchfiles (0.21.0)
 - Installing websockets (12.0)
 - Installing uvicorn (0.29.0)

   --생략--

Writing lock file
```

(대부분의 독자가 그러하겠지만) 만약 최신 버전의 FastAPI를 사용하고 있다면 패키지는 추가로 설치되지 않고 pyproject.toml 파일에 다음과 같은 내용만 추가된다.

```
[tool.poetry.dependencies]
python = "^3.11"
fastapi = "^0.111.0"
uvicorn = {extras = ["standard"], version = "^0.30.1"}
```

PyPI에는 uvicorn과 uvicorn[standard] 두 개가 등록돼 있다. uvicorn은 순수 파이썬 의존성만을 가지는 버전이다. 그에 비해 uvicorn[standard]는 (가능한) 사이썬 기반 의존성과 기타 선택적 기능이 함께 설치된다.

여기서 **사이썬 기반**Cython-based은 다음과 같은 특징을 가진다.

- 가능하다면 uvloop(이벤트 루프)를 설치해 사용한다.
- 가능하다면 httptools을 이용해 HTTP 프로토콜을 처리한다.

선택적 기능은 다음을 뜻한다.

- 가능하다면 웹소켓WebSocket 프로토콜을 websockets를 통해 처리한다(wsproto를 사용하려면 수동으로 설치해야 함).
- --reload 옵션은 watchfiles를 사용한다. 이 옵션은 서버를 구동시킨 상태에서 파일을 저장한 후, 변경 사항을 다시 적용해 서버를 재시작하기 위해 사용한다. 개발 환경에서 사용한다.
- 윈도우 사용자의 경우 로그 색상을 표시하기 위해 colorama를 설치한다.
- --env-file 옵션을 사용하기 위해 python-dotenv를 설치한다.
- --log-config에 .yaml 파일을 제공할 수 있도록 PyYAML을 설치한다.

이제 main.py를 프로젝트 루트 디렉터리에 생성하고 간단한 API를 만들어보자.

코드 1.1 **main.py**

```python
from fastapi import FastAPI

app = FastAPI()

@app.get("/")
def hello():
    return {"Hello": "FastAPI"}
```

터미널에서 유비콘으로 서버를 구동한다. 다시 한번 이야기하지만 포어트리 가상 환경을 실행한
상태에서 실행해야 한다.

```
(fastapi-ca-py3.11) $ uvicorn main:app --reload
INFO:     Will watch for changes in these directories: ['/Users/dexter/src/fastapi-ca']
INFO:     Uvicorn running on http://127.0.0.1:8000 (Press CTRL+C to quit)
INFO:     Started reloader process [4463] using WatchFiles
INFO:     Started server process [4467]
INFO:     Waiting for application startup.
INFO:     Application startup complete.
```

여기서 `main:app`은 FastAPI 인스턴스가 존재하는 파이썬 파일과 그 인스턴스의 변수를 뜻한다.
즉 `main.py`의 `app` 변수다. `--reload` 옵션을 추가하면 파일 내용이 변경될 때 애플리케이션이 재
시작되므로, 코드를 수정한 다음 서버를 따로 껐다 켤 필요가 없다. 개발 단계에서만 사용하고 배
포 환경에서는 사용하지 않도록 하자.

브라우저에서 http://127.0.0.1:8000[14] 주소로 접속하면 응답이 잘 전달되는 것을 확인할 수 있다.

그림 1-5 **Hello FastAPI 수행 결과**

---

14 http://localhost:8000 주소와 같은 의미다. 앞으로 127.0.0.1 대신 localhost라고 언급하겠다.

포트를 바꾸고 싶다면 `--port` 옵션을 이용할 수 있다.

```
(fastapi-ca-py3.11) $ uvicorn main:app --reload --port 8080
```

`main.py`를 다음과 같이 변경해 `python main.py` 명령어로 구동할 수도 있다.

코드 1.2 **main.py에서 서버를 구동시키기**

```python
import uvicorn  ❶

from fastapi import FastAPI

app = FastAPI()

@app.get("/")
def hello():
    return {"Hello": "FastAPI"}

if __name__ == "__main__":  ❶
    uvicorn.run("main:app", host="127.0.0.1", reload=True)
```

❶ `uvicorn` 모듈을 가져와서 `main.py`를 직접 파이썬 모듈로 구동시킨다.

실행 결과는 동일하다.

```
(fastapi-ca-py3.11) $ python main.py
INFO:     Will watch for changes in these directories: ['/Users/dexter/src/fastapi-ca']
INFO:     Uvicorn running on http://127.0.0.1:8000 (Press CTRL+C to quit)
INFO:     Started reloader process [35524] using WatchFiles
INFO:     Started server process [35528]
INFO:     Waiting for application startup.
INFO:     Application startup complete.
```

[NOTE] 이 책의 모든 소스 디렉터리에는 모듈 경로를 인식할 수 있도록 __init__.py 파일이 포함돼 있다고 가정한다. 따로 매번 추가하라고 설명하지 않는다. 만약 모듈의 경로를 제대로 찾지 못한다면 __init__.py을 추가하거나 깃허브 (https://github.com/dextto/fastapi-ca)에 있는 소스를 참고하라.

1.4 API 문서화

API를 만들면 이를 사용할 다른 구성원에게 전달해야 한다. 조직이 작고 API 사용자가 같은 공간에 있으며 프레임워크의 코드를 이해하고 있다면 소스 코드를 공유해도 상관없다. 하지만 사용하는 언어와 기술 스택이 다른 프런트엔드 개발자가 API 사용자라면 어떻게 사용법을 설명해야 할까? 텍스트로 나름의 형식으로 기술할 수도 있고, 스프레드시트에 보기 좋게 정리할 수도 있다. 심지어 아직도 이런 방법을 많이 사용한다. 하지만 프로그램과 마찬가지로 문서도 레거시로 굳어지면 바꾸기 힘든 법이다. 문서를 배포하는 가장 좋은 방법은 소스 코드에서 API를 문서를 생성하는 것이고, FastAPI는 이를 별다른 설정 없이 지원한다.

필자가 몸담은 회사에서 사용하는 주요한 외부 시스템은 누구나 알고 있는 모 회사에서도 사용될 만큼 널리 사용되는 시스템이다. 하지만 API가 업데이트될 때마다 문서를 엑셀로 전달받는다. 심지어 응답에 포함된 내용에 대해 모든 설명이 있지도 않다. 필자의 회사에서는 **하이럼의 법칙**Hyrum's law에 따라 문서에 빠져 있는 정보를 아주 유용하게 활용하고 있다. 필자의 생각에 이런 일이 발생한 이유는 응답으로 내보내는 정보를 가공하지 않았기 때문이다. 이후의 장에서 보겠지만 응답은 API 사용자가 필요로 하는 것만 전달해야 한다.

> NOTE 하이럼의 법칙   API 사용자가 충분히 많다면 API 명세에 적힌 내용은 중요하지 않다. 시스템에서 눈에 보이는 모든 행위(동작)를 누군가는 이용하게 될 것이기 때문이다.[15]

조직이 성장하면 인원은 불어난다. 제대로 만들지 않은 API 문서는 API 사용자와의 커뮤니케이션 비용을 증가시킨다. 소프트웨어는 그 이름과 같이 반죽처럼 말랑해서 변경이 매우 잦은 제품이다. 인터페이스에 변경이 일어날 때마다 문서를 함께 변경해주어야 한다. 그런데 이게 API를 만드는 사람 입장에서 여간 귀찮은 일이 아니다. 그래서 잊어버리기도 하고 바쁘다는 핑계로 뒤로 미루기도 한다. 그렇지만 사고는 작은 일이 쌓여서 일어나는 법이다. 누군가 잘못 기술된 API 문서를 보고 잘못된 구현을 하고 있을 수 있다. 그렇게 되면 귀중한 자원이 낭비된다.

FastAPI는 API 코드를 작성하면 API 문서를 자동으로 생성한다. 서버를 꺼두었다면 다시 구동시키자.

```
(fastapi-ca-py3.11) $ uvicorn main:app --reload
```

브라우저에서 http://localhost:8000/docs 페이지로 접속하면 FastAPI가 자동으로 만들어서 제공

---

15 《구글 엔지니어는 이렇게 일한다》(한빛미디어, 2022) 1.1.1절 '하이럼의 법칙' 참고

하는 API 문서를 볼 수 있다. 이 문서는 **OpenAPI 명세**OpenAPI specification, OAS를 준수한다. OpenAPI 의 예전 이름이 **스웨거**Swagger였는데, 이름을 바꾸고 나서 OpenAPI를 지원하는 오픈 소스 프로젝트의 이름이 스웨거가 됐다. 그래서 이를 섞어 쓰면서 헷갈리는 부분이 있다. 이제 명세를 이야기할 때는 명확하게 OpenAPI라고 하자.

OpenAPI 홈페이지에 기술된 OpenAPI 명세의 역할은 다음과 같다.[16]

> OpenAPI 명세는 HTTP API에 대한 표준을 정의하고 프로그래밍 언어에 중립적인 인터페이스를 설명한다. 이를 통해 사람과 컴퓨터 모두는 소스 코드나 다른 문서를 확인하지 않아도 되고 네트워크 트래픽을 발생시키지 않고도 서비스의 기능을 이해하고 실행할 수 있다. OpenAPI를 제대로 정의하면, API 사용자는 최소한의 구현으로 서비스를 이해하고 상호작용할 수 있다. 저수준의 프로그래밍에 있어 인터페이스는 어떤 프로그램을 기술한다. OpenAPI 명세도 마찬가지다. 서비스 호출에 대한 추측[17]을 없애준다.
>
> API 문서 생성 도구, 서버-클라이언트 코드를 다양한 프로그래밍 언어로 생성하는 도구, 테스트 도구 등 여러 가지 방법으로 OpenAPI를 사용할 수 있다.

OpenAPI 명세는 JSON으로 기술된다. 접속한 페이지의 왼쪽 상단에 /openapi.json이라는 링크를 클릭하면 JSON으로 된 명세를 확인할 수 있다. 스펙에 대한 더 자세한 내용은 홈페이지를 참고하자.

코드 1.3 **GET /hello API에 대한 OpenAPI 명세**

```
{
    "openapi": "3.1.0",
    "info": {
        "title": "FastAPI",
        "version": "0.1.0"
    },
    "paths": {
        "/": {
            "get": {
                "summary": "Hello",
                "operationId": "hello__get",
                "responses": {
                    "200": {
                        "description": "Successful Response",
```

---

16 https://spec.openapis.org/oas/v3.1.0
17 API를 사용할 때 요청과 응답을 반복하며 명세를 추측해서 구현하는 일(guesswork)을 말한다.

```
                        "content": {
                            "application/json": {
                                "schema": {}
                            }
                        }
                    }
                }
            }
        }
    }
}
```

http://localhost:8000/docs 페이지는 openapi.json에 기술된 내용을 OpenAPI UI로 보여준다. 리독Redoc 스타일을 선호한다면 http://localhost:8000/redoc 페이지에서 확인할 수 있다.

이제 앞서 만든 Hello API를 실행해보자. 접혀 있는 항목을 펼쳐서 [Try it out] 버튼을 누른다.

그림 1-6 **자동으로 생성된 OpenAPI 문서**

[Execute] 버튼으로 API를 실행할 수 있다.

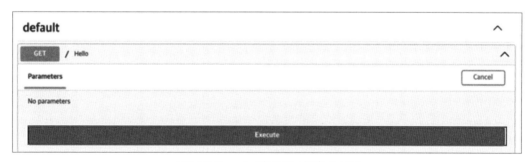

그림 1-7 **Execute 버튼으로 실행할 수 있다**

정말 멋지다! 서버에 접속할 수만 있다면 API 테스트를 위한 코드를 직접 작성할 필요도 없다. 개발자들은 **포스트맨**Postman[18]과 같은 도구로 API를 관리한다.[19] 하지만 간단한 테스트라면 이 API 문서 페이지로 쉽게 수행할 수 있다.

그림 1-8 자동으로 생성된 OpenAPI 문서에서 API를 수행한 결과

앞으로 API를 호출할 때는 지면 관계상 이 도구를 사용하지 않고, 터미널에서 `curl`을 이용한다.

```
$ curl -X GET http://localhost:8000 | jq
% Total    % Received % Xferd  Average Speed   Time    Time     Time  Current
                                 Dload  Upload   Total   Spent    Left  Speed
100    19  100    19    0     0   2497      0 --:--:-- --:--:-- --:--:-- 19000
{
  "Hello": "FastAPI"
}
```

---

18 https://www.postman.com/
19 필자는 최근에 **Rest Client**를 주로 사용하고 있다. 포스트맨의 기능이 더 많지만 팀원들과 함께 사용하려면 유료 버전을 사용해야
   한다. Rest Client는 무료이고, 깃허브로 관리할 수 있어 API 스펙을 공유하고 테스트만 하는 데 충분하다.

응답 본문의 출력 결과는 {"Hello":"FastAPI"}이다. 이 JSON 출력 결과를 읽기 편하도록 바꿔주는 도구인 jq를 사용했다.

jq는 macOS에서는 brew install jq 명령어로, 윈도우 사용자라면 winget install jqlang.jq 명령어로 설치할 수 있다. 다른 OS 사용자라면 다운로드 페이지[20]에서 실행 파일을 받을 수 있다. jq에 대한 자세한 사항은 홈페이지[21]를 참고하자. 책의 이후 부분에서는 출력 결과를 표시할 때 편의상 명령어에 jq를 사용하는 부분과 출력 결과의 성능 부분은 생략한다.

자동 생성된 OpenAPI 문서, curl 외의 어떤 것도 좋다. 독자 여러분이 편한 도구를 사용하자.

1.5 데이터베이스 설정

이 책에서는 무료 데이터베이스 중에서 가장 널리 사용되고 있는 **MySQL**을 사용한다. MySQL의 자세한 사용법과 SQL 문법에 대해서는 이미 독자들이 배경 지식을 갖추고 있다고 가정한다.

로컬 PC에 직접 MySQL을 설치해도 되지만 다른 프로젝트와 개발 환경을 분리하기 위해 도커를 이용해 실행한다. 각자의 환경에 맞게 도커를 설치하고, 다음 명령어를 실행하자.[22] 이전에 수행되고 있던 컨테이너의 이름과 충돌이 일어나지 않도록 유의하자.

```
$ docker run --name mysql-local -p 3306:3306/tcp -e MYSQL_ROOT_PASSWORD=test -d mysql:8
```

MySQL 버전은 8을 사용하고 DB에 연결할 유저명은 root로, 패스워드는 test로 설정했다. 여기서 -d 옵션은 백그라운드에서 컨테이너를 수행하겠다는 뜻이다. 이 옵션을 주지 않으면 터미널이 계속 컨테이너에 연결돼 있다.

MySQL이 도커에서 잘 실행되고 있는지 확인해보자.

```
$ docker ps
CONTAINER ID   IMAGE     COMMAND             CREATED
bcf7fd6a7810   mysql:8   "docker-entrypoint.s(생략)"   6 minutes ago
```

---

20 https://jqlang.github.io/jq/download/
21 https://jqlang.github.io/jq
22 도커 설치 방법은 다음을 참고하자. https://docs.docker.com/get-docker/

```
STATUS        PORTS                                              NAMES
Up 6 minutes  0.0.0.0:3306->3306/tcp, :::3306->3306/tcp, 33060/tcp  mysql-local
```

참고로 컨테이너를 중지시키거나, 중지된 컨테이너를 다시 시작하거나, 실행 중인 컨테이너를 재시작하는 명령어는 다음과 같다. `CONTAINER-ID` 부분에 앞선 출력 결과에 있는 값(`bcf7fd6a7810`)을 넣으면 된다.

```
$ docker stop CONTAINER-ID
$ docker start CONTAINER-ID
$ docker restart CONTAINER-ID
```

더 자세한 내용은 도커 허브의 가이드[23]를 참고하자.

이제 애플리케이션에서 사용할 **스키마**schema를 생성해야 한다. 만약 여러분이 사용하고 있는 DB GUI 도구가 있다면 이를 이용해도 좋다. DataGrip, MySQL 워크벤치MySQL Workbench, DBeaver, Sequel Ace 등이 있다. 이 책에서는 터미널에서 SQL을 사용한다. 도커 쉘 또는 터미널에서 MySQL에 접속하는 방법은 다음과 같다. 도커로 실행되고 있을 때는 `-h` 옵션을 주어야 한다.

```
$ mysql -u root -h 127.0.0.1 -p
Enter password:
```

실행 중인 **도커 컨테이너**Docker container에 먼저 접속한 후 MySQL에 접속하는 방법도 있다.

```
$ docker exec -it bcf7fd6a7810 bash
bash-4.4# mysql -u root -p
Enter password:  ❶
Welcome to the MySQL monitor.  Commands end with ; or \g.
Your MySQL connection id is 17
Server version: 8.1.0 MySQL Community Server - GPL

Copyright (c) 2000, 2023, Oracle and/or its affiliates.

Oracle is a registered trademark of Oracle Corporation and/or its
affiliates. Other names may be trademarks of their respective
owners.
```

---

23 https://hub.docker.com/_/mysql

```
Type 'help;' or '\h' for help. Type '\c' to clear the current input statement.

mysql>  ❷
```

❶ 데이터베이스를 실행할 때 입력했던 패스워드(test)를 입력한다.

❷ MySQL 셸에 접속했다.

실행 중인 데이터베이스를 출력해보자.

```
mysql> SHOW DATABASES;
+--------------------+
| Database           |
+--------------------+
| information_schema |
| mysql              |
| performance_schema |
| sys                |
+--------------------+
4 rows in set (0.00 sec)
```

우리가 사용할 스키마를 생성해야 한다. 필자는 스키마의 이름을 `fastapi-ca`로 정했다.

```
mysql> CREATE SCHEMA `fastapi-ca`;
Query OK, 1 row affected (0.01 sec)

mysql> SHOW DATABASES;
+--------------------+
| Database           |
+--------------------+
| fastapi-ca         |   ❶
| information_schema |
| mysql              |
| performance_schema |
| sys                |
+--------------------+
5 rows in set (0.00 sec)
```

❶ 스키마가 생성됐다.

1.6 책에서 만들 애플리케이션: TIL

이 책에서 FastAPI로 함께 만들어갈 애플리케이션은 다음과 같다.

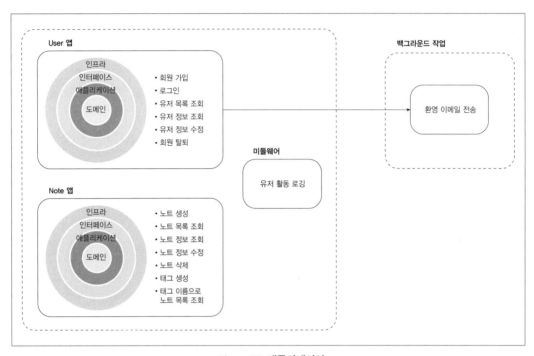

그림 1-9 **TIL 애플리케이션**

TILtoday I learned은 몇 년 전부터 유행하는 메모 기법인데, 그날 새롭게 알게 된 지식을 가볍게 정리하고 쉽게 찾아볼 수 있도록 한다. TIL 서비스는 여러 회원이 함께 이용할 수 있는 서비스다. 따라서 회원 가입이 필요하고, 사용자의 정보를 다루는 유저 앱이 필요하다.

유저 앱은 유저의 회원 가입 기능과 유저 자신의 정보를 조회하고 수정하는 기능을 가진다. 회원을 탈퇴하는 기능도 있어야 한다. 또한 서비스 관리자(어드민admin)를 위해 유저 목록을 조회하는 기능도 있다. 회원 가입이 이루어지면 유저는 가입 시 입력한 이메일 주소로 환영 이메일을 받는다. 이는 백그라운드 작업으로 비동기로 이루어진다.

유저는 오늘 배운 내용을 작성하고 관리할 수 있다. 따라서 작성한 게시물을 다루는 노트 앱을 만든다. 노트 앱은 노트에 대한 **CRUD**create, read, update, delete 기능과 함께 노트에 태그를 달 수 있는 기능을 가진다. 태그를 달면, 같은 태그 이름을 가진 노트 목록을 조회할 수 있다.

유저의 요청-응답 라이프사이클 과정에서 어느 유저가 어떤 행동을 수행하는지 추적할 필요가 있다. 이는 FastAPI가 제공하는 미들웨어를 활용한다. 마지막으로 그림에는 표현되지 않았지만 작성한 코드를 기반으로 테스트 코드를 만들어 자동화 테스트를 수행한다.

1.7 마무리

이 장에서는 FastAPI의 특징을 살펴보고, 파이썬 웹 프레임워크에서 가장 많이 사용되는 장고, 플라스크와 간단히 비교해보았다. FastAPI는 스탈렛과 파이단틱을 기반으로 만들어져 실행 속도가 빠르고 생산성이 뛰어나다. 또한 타입 힌트와 파이단틱을 적극 활용하는 아키텍처를 제안한다. 이는 개발자가 범할 수 있는 오류를 줄여준다.

FastAPI의 개발 환경을 구축하면서 가상 환경을 포어트리로 구축했다. 간단한 첫 번째 API를 작성해보고, FastAPI가 우리가 만든 API에 대한 문서를 자동으로 생성되는 것을 확인했다. 그리고 앞으로 MySQL을 이용할 것이므로 이에 대한 설정을 마쳤다.

마지막으로 이 책에서 만들고자 하는 TIL 애플리케이션의 전체 구조를 간략히 살펴보았다. 이제 필자와 함께 FastAPI로 TIL 애플리케이션을 바닥부터 완성해가자!

하지만 그 전에 다음 장에서는 이 책의 두 번째 주제인 클린 아키텍처에 대해 다룬다.

CHAPTER 2

클린 아키텍처

클린 아키텍처clean architecture[1]는 《클린 코드》(인사이트, 2013)의 저자 로버트 C. 마틴이 제안한 아키텍처다. 필자는 《NestJS로 배우는 백엔드 프로그래밍》(제이펍, 2022)에서 클린 아키텍처를 간단히 소개하고, 유저 서비스에 클린 아키텍처를 적용해 리팩터링하는 과정을 보여주었다. 이 책에서는 클린 아키텍처에 대해 조금 더 자세하게 설명하고자 한다. 그리고 코드 프로젝트의 초반 설계부터 이를 적용하고 구현한다.

클린 아키텍처는 새로운 개념이 아니다. 이미 클린 아키텍처를 잘 알고 있거나 활용하고 있다면 이 장을 건너뛰어도 좋다. 하지만 이 책의 큰 주제가 FastAPI 프레임워크를 활용해 클린 아키텍처를 적용한 애플리케이션을 구현하는 것이므로, 꼭 읽어볼 것을 권한다.

2.1 아키텍처가 필요한 이유

소프트웨어 업계에는 건축 분야에서 차용한 용어가 많다. 예를 들면 다음과 같은 것이 있다.

- **아키텍처**architecture

  시스템의 전체적인 구조 및 구성을 나타낸다. 전체 아키텍처를 구성하는 사람을 아키텍트architect라고 한다.

---

[1] https://blog.cleancoder.com/uncle-bob/2012/08/13/the-clean-architecture.html

- **프레임워크**framework

  재사용 가능한 구조나 코드 기반을 제공해 애플리케이션을 구축하는 데 도움을 주는 도구나 환경을 뜻한다.

- **모듈**module

  소프트웨어에서 특정 기능 또는 구성 요소를 나타낸다. 건축 분야에서의 모듈은 건물 내에서 특정 기능을 수행하는 부분을 의미하며, 소프트웨어에서도 비슷한 역할을 한다.

- **프로토콜**protocol

  소프트웨어 통신에서 데이터 교환을 규제하는 규칙의 집합을 말한다. 이는 건축 분야에서의 건축 규약과 유사한 개념이다.

- **레이어(계층)**layer

  소프트웨어 시스템에서 서로 연관된 기능 또는 구성 요소의 그룹을 나타낸다. 건물을 한 층씩 쌓아가는 개념에서 차용됐다.

- **프로토타입**prototype

  초기 버전 또는 모델을 나타낸다. 즉, 시제품을 말한다.

- **플랫폼**platform

  특정 환경에서 소프트웨어를 실행하고 개발할 수 있는 기반 시스템을 가리킨다.

- **설계**design

  소프트웨어 설계는 소프트웨어 시스템, 애플리케이션 또는 모듈의 구조, 동작 및 구현 계획을 수립하는 프로세스 및 그 행위를 의미한다. 이 단계에서는 소프트웨어의 아키텍처, 모듈 및 클래스의 관계, 데이터 구조, 사용자 인터페이스 디자인, 알고리즘 및 세부 구현 사항을 정의한다.

- **구조**structure

  소프트웨어 시스템 또는 애플리케이션의 내부 구조 및 구성을 나타낸다. 이는 모듈, 클래스, 함수, 데이터 구조 및 다양한 구성 요소가 서로 어떻게 연결되고 구성되는지를 드러낸다.

소프트웨어 시스템에서의 아키텍처는 신중하게 검토해서 적용해야 한다. 그만큼 중요하다는 뜻이다. 아키텍처가 다음과 같은 역할을 하기 때문이다.

- **확장성**scalability

  좋은 아키텍처가 적용된 시스템은 확장하기 쉽다. 즉, 시스템의 요구 사항이 늘어날 때 새로운 기능을 쉽게 추가하고 리소스를 효율적으로 확장할 수 있다.

- **유지보수성**maintainability

  잘 설계된 아키텍처는 코드의 유지보수와 개선을 편하게 한다. 모듈화된 코드와 명확한 구조 덕분에 버그 수정과 기능 개선을 효율적으로 수행할 수 있다.

- **재사용성**reusability

  아키텍처는 모듈화 및 추상화를 통해 코드의 재사용을 촉진한다. 이로써 비슷한 문제에 대한 해결책을 여러 프로젝트나 모듈에서 공유하고 활용할 수 있다.

- **보안**security

  아키텍처는 보안 측면에서도 중요하다. 보안 요구 사항을 고려한 아키텍처 설계는 시스템을 보호하고, 공격으로부터 안전하게 유지하는 데 도움이 된다.

- **성능**performance

  좋은 아키텍처는 시스템의 성능을 최적화한다. 데이터 흐름 및 리소스 사용을 효과적으로 관리해 응답 시간을 최소화하고 확장성을 확보한다.

- **의사소통**communication

  아키텍처는 개발팀과 이해 관계자 간의 의사소통을 간소화한다. 명확한 구조와 설계는 이해관계에있는 모든 사람이 시스템을 이해하고 협력하기 쉽게 만든다.

- **비용 효율성**cost-effectiveness

  올바른 아키텍처 설계는 프로젝트 비용을 최적화하고 예산을 효율적으로 활용할 수 있도록 도와준다.

- **기업 목표 달성**business goal

  아키텍처는 비즈니스 목표를 달성하는 데 도움을 준다. 시스템이 비즈니스 요구 사항을 지원하고 확장과 유지가 쉽도록 구축하면 기업의 성과 향상에 기여할 수 있다.

- **품질 보증**quality assurance

  아키텍처는 소프트웨어 제품의 품질을 보증하고 높은 품질 표준을 유지할 수 있도록 도와준다.

- **복잡성 관리**complexity management

  복잡한 소프트웨어 시스템을 관리하고 이해하는 데 도움을 준다. 모듈화 및 추상화를 통해 복잡성을 관리하고 줄일 수 있다.

특히 비용 효율성과 기업 목표 달성과 관련해 마틴 파울러Martin Fowler의 **OSCON**Open Source Software Conference 2015 기조 연설 영상[2]이 있다. 한글 자막이 포함된 영상도 있으니 한 번쯤 꼭 확인해보기를 권장한다.

클린 아키텍처의 역할도 위에서 설명한 바와 다르지 않다. 다만 여러 아키텍처와 비교해 다음과 같은 특징을 더 강조한다.[3]

- **관심사 분리와 계층형 아키텍처**

  소프트웨어의 구성 요소들을 관심사에 따라 분리한다. 이는 네 개의 계층으로 나뉘어져 있다.

- **인터페이스 우선**

  구성 요소들의 인터페이스를 먼저 정의해 사용한다. 세부 구현은 필요한 시점에 한다.

- **의존성 규칙**dependency rule

  클린 아키텍처의 핵심 원칙이다. 이 규칙에 따르면 소스 코드 의존성은 항상 외부에서 내부로 향해야 하며, 가장 중요한 코드(비즈니스 규칙)는 시스템의 중심에 있어야 한다.

아키텍처가 없는 시스템은 없다. 여러분이 구축하는 시스템에도 비록 이름이 없을지언정 나름의 아키텍처가 적용돼 있을 것이다. 하지만 '제대로 된' 아키텍처가 없는 시스템은 스파게티와 큰 진흙 덩어리[4]가 된다. 필자는 장고로 여러 프로젝트를 진행한 경험이 있다. 장고의 코드들에 views.py가 있어서 그런지 모르겠지만 수많은 뷰가 하나의 파일에 구현돼 있는 경우를 종종 본다. 이 뷰는 온갖 비즈니스 로직을 다룬다. 큰 진흙공이 굴러가고 있다. "잘 굴러가는 데 뭐가 문제야?"라는 말에 수긍하지 마라. 눈사태가 일어나면 그 아래 마을은 재앙이 된다.

2　https://www.youtube.com/watch?v=4E1BHTvhB7Y&ab_channel=데브원영DVWY
3　이 특징들이 클린 아키텍처에만 존재하는 것은 아니다.
4　시스템의 명확한 경계 없이 여러 개의 뒤엉킨 모델들을 담고 있는 상태를 의미한다. 《도메인 주도 설계 핵심》(에이콘출판사, 2017) 참고

2.2 분할 정복

분할 정복divide and conquer이라는 용어를 들으면 같은 이름의 알고리즘을 먼저 떠올리는 독자도 있을 것이다. **분할 정복 알고리즘**divide-and-conquer algorithm의 아이디어는 큰 문제를 해결할 수 있는 작은 하위 문제로 나눈 다음 각 하위 문제를 독립적으로 해결하고, 마지막으로 이들 해결책을 통합해 큰 문제를 해결하는 방식을 말한다. 이 패러다임은 복잡한 문제를 간단한 부분 문제로 분해하고, 이러한 부분 문제를 해결함으로써 전체 문제를 효율적으로 해결할 수 있도록 도와준다.

분할 정복의 주요 단계는 다음과 같다.

1. **분할**divide

   큰 문제를 더 작은 하위 문제로 나눈다. 이 단계에서 문제를 독립적으로 해결하기 쉬운 하위 문제로 분해한다.

2. **정복**conquer

   각 하위 문제를 독립적으로 해결한다. 이것은 일반적으로 재귀적으로 수행된다.

3. **통합**combine

   각 하위 문제의 해결책을 통합해 원래 문제의 해결책을 얻는다.

분할 정복은 다양한 알고리즘과 문제 해결 방법에서 사용된다. 예를 들어, 유명한 분할 정복 알고리즘으로는 **병합 정렬**merge sort이나 **퀵 정렬**quick sort과 같은 정렬 알고리즘이 있다. 이러한 알고리즘들은 데이터를 분할하고 정복하는 방식을 사용해 정렬 문제를 효율적으로 해결한다. 또한 이 방법은 그래프 알고리즘, 최적화 문제, 검색 알고리즘 등 다양한 분야에서 활용된다.

분할 정복 기법을 이용하면 큰 일을 태스크 단위의 간단한 일로 쪼개어 수행한다. 따라서 작업의 복잡도가 낮아지고, 문제를 이해하기 쉬워져 달성해야 할 과업의 난이도를 낮출 수 있다. 우리가 다룰 웹 프로그래밍에 분할 정복을 대입해보자. 어떤 요청이 전달돼 내부 서비스 로직을 수행한 다음 외부로 응답을 내보내기까지의 단계를 여러 개로 분할할 수 있다.

아키텍처의 관점에서 바라보면 이러한 작업은 단순히 모듈을 구조화하는 것에 그치지 않는다. 비슷한 종류의 모듈을 한데 모아 계층으로 구성하고, 기능을 확장할 때 각 계층에서 처리하는 유사한 일들을 쪼개어 수행한다. 즉, 나누어진 계층의 일을 처리할 때는 다른 계층에서 맡은 일은 고려하지 않고 현재 계층이 담당하는 구현에 집중한다.

뒤에서 곧 보겠지만 클린 아키텍처는 네 개의 계층을 가진다. 그리고 각 계층은 자신만의 문제를 해결한다. 같은 계층에 존재하는 여러 모듈은 같은 목적을 지니고 있고 유사한 패턴을 가진다. 예를 들어 인터페이스 계층에 있는 모듈은 내부로 들어오는 요청이 제대로 되어 있는지 검사하고, 외부로 나가는 응답을 제대로 구성하는 등 외부와 내부 사이의 인터페이스를 처리하는 기능을 한다.

여기에 익숙해지면 새로운 API를 구현할 때 각 계층이 맡은 역할에 집중하며 계층을 하나씩 만들수 있다. 역할이 나누어져 있으므로 작성해야 하는 전체 코드의 양은 많아질 수도 있지만, 한 계층 안에서의 코드의 양은 줄어들기 때문에 더 이해가 빠르고 간결한 코드를 작성하게 된다.

2.3 클린 아키텍처의 주요 4계층

클린 아키텍처는 전혀 새로운 아키텍처가 아니다. **육각형 아키텍처**Hexagonal architecture, **양파 아키텍처**Onion architecture라고 불리던 아키텍처에서 발전한 것이다. 소프트웨어를 여러 개의 계층으로 나누고 각 계층에 있는 구성 요소는 안쪽 원에 있는 구성 요소에만 의존성을 가지도록 한다. 따라서 안쪽 원에 존재하는 구성 요소는 바깥쪽에 독립적이다.

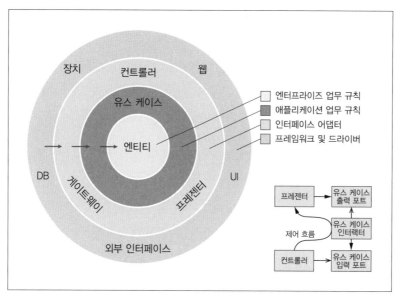

그림 2-1 **클린 아키텍처**

클린 아키텍처의 개념을 정립한 로버트 C. 마틴은 원문에서 각 계층의 이름을 안쪽의 계층부터 각각 '엔티티', '유스 케이스', '인터페이스 어댑터', '프레임워크 및 드라이버'라고 했다. 위 그림에서 원 내부에 있는 용어와 우상단에 있는 용어를 섞어서 쓰고 있다. 또한 '인터페이스 어댑터', '프레임워크 및 드라이버'와 같은 계층은 이름이 너무 길어 커뮤니케이션하기 힘든 면이 있다. 코드로 구현할 때 각 계층을 디렉터리로 분리해야 하는데 경로도 길어진다. 따라서 이 책에서는 각 계층의 이름을 다음과 같이 변경해서 사용하기로 한다.

- 엔티티 → 도메인
- 유스 케이스 → 애플리케이션
- 인터페이스 어댑터 → 인터페이스
- 프레임워크 및 드라이버 → 인프라스트럭처(인프라)

그림 2-2 **이 책에서 다시 정의한 클린 아키텍처 계층의 이름**

안으로 갈수록 고수준의 구성 요소가 된다. 여기서 고수준이란 더욱 추상화된 관점에서 문제를 해결하거나, 더 추상적이며 개념적인 관점을 의미한다. 고수준의 코드나 개념은 일반적으로 더 큰 개념이나 추상화된 표현을 사용하고 세부 사항에 대한 구체적인 처리 방법은 명시하지 않는다. 이에 비해 저수준은 더 구체적이거나 세부적인 관점을 나타낸다. 코드 또는 개념이 구체적이며 세부 사항에 집중한다. 저수준의 코드는 일반적으로 하드웨어에 가깝거나 구현 세부 사항을 다루는 데 사용되며, 더 구체적인 작업이나 데이터 처리 방법을 다룬다.

이제 각 계층을 자세히 알아보도록 하자.

2.3.1 도메인(엔티티) 계층

소프트웨어에서 **도메인**domain이란 애플리케이션이 해결하고자 하는 특정한 주제나 분야를 가리키며, 해당 분야에 적용되는 개념, 규칙, 데이터, 프로세스 등을 포함한다. **도메인 모델**domain model은 해당 비즈니스 영역에서 도메인의 핵심 개념, 엔티티, 도메인 간의 관계, 도메인이 지켜야 하는 규칙 및 도메인의 상태를 나타낸다. 널리 사용되는 파이썬 웹 프레임워크인 장고에서의 모델은 데이터베이스 테이블의 스키마를 기술하는 것을 말한다. 일반적으로 모델이라 하면 이를 떠올리는 독자가 많을 텐데, 외부 시스템인 데이터베이스에 저장하는 데이터 저장소를 기술하는 모듈은 **저장소**repository라고 부른다.

도메인 계층domain layer은 소프트웨어 시스템 내에서 핵심 비즈니스 로직과 엔터프라이즈의 핵심 도메인 관련 기능을 관리하고 구현하는 부분이다. 도메인이 가지는 비즈니스 로직(도메인 규칙)은 시스템의 핵심 목적을 달성하기 위한 연산, 규칙, 데이터 처리 및 동작을 정의한다.

엔티티entity는 비즈니스 도메인에서의 실제 개념이나 객체를 표현한다. 예를 들어, 은행 애플리케이션의 엔티티는 계좌account, 거래transaction, 고객customer 등이 있을 수 있다. 도메인 계층은 독립적으로 존재하며 비즈니스 도메인 그 자체에 집중한다. 이는 도메인 계층이 **데이터베이스 스키마**database schema, **사용자 인터페이스**user interface, UI 또는 외부 시스템에 대한 의존성을 갖지 않아야 함을 의미한다.

도메인 계층에서의 테스트는 다른 계층에 비해 간단한 편이다. 외부 의존성이 존재하지 않기 때문이다. 엔티티의 상태가 바뀜에 따라 도메인 규칙이 제대로 동작하는지만 검증하면 된다. 여러 엔티티는 같은 계층에 있기 때문에 서로를 잘 알고 있고 직접 상호작용할 수 있다. 즉, 엔티티를 구현한 어떤 파이썬 클래스가 다른 클래스를 직접 인스턴스로 만들어 해당 메서드를 호출할 수 있다는 뜻이다. 하지만 엔티티는 외부 계층에 있는 것은 아무것도 알지 못한다. 데이터베이스를 직접 호출하거나 프레젠테이션 프레임워크에서 제공하는 메서드에 접근하거나 애플리케이션 계층의 모듈을 인스턴스로 만들 수 없다.[5]

엔티티의 상태가 변경되면 엔티티를 저장하고 있는 데이터베이스를 다루어야 한다. 그런데 도메인 계층은 데이터베이스를 다루는 인프라 계층에 의존성을 가지지 않는다. 이를 구현하기 위해서는 이벤트 프로그래밍을 사용해 도메인 이벤트를 발송하고, 외부 모듈이 이벤트를 전달받아 처리하도

---

[5] https://leanpub.com/clean-architectures-in-python 참고

록 해야 한다. 이 부분은 이 책에서 다루기에 어려운 부분이 있다(더 자세한 구현은 **도메인 주도 설계**
domain-driven design, DDD 방법론[6]을 참고하자). 따라서 이 책에서의 구현은 인프라 계층의 의존성을 역전
해 저장소의 인터페이스를 도메인 계층에 구현하고, 애플리케이션 계층의 비즈니스 로직 또는 도
메인에서 이를 사용하도록 한다. 의존성 역전에 대해서는 이후의 절에서 배운다.

도메인은 애플리케이션이 가져야 하는 핵심 요소만 가진다. 만약 도메인 계층의 구성 요소가 변경
된다면 이를 이용하는 다른 모든 계층을 수정해야 하므로 신중하게 작성해야 한다.

2.3.2 애플리케이션(유스 케이스) 계층

애플리케이션 계층application layer은 클린 아키텍처에서 가장 안쪽에서 두 번째에 위치한다. 모든 소
프트웨어 시스템은 그 애플리케이션이 해결하고자 하는 문제와 나름의 해결 방법을 가지고 있다.
이 계층에서는 그러한 특정 기능과 **유스 케이스**use case를 정의하고 구현한다. 따라서 로직이 가장
복잡하고 변경이 잦은 부분이다.

애플리케이션 계층은 주로 서비스로 이루어진다.[7] 서비스란 애플리케이션이 가지는 핵심 기능, 즉
비즈니스 로직을 수행하는 모듈을 나타낸다. 비즈니스 로직은 그 종류에 따라 여러 모듈로 분류할
수 있으므로 서비스도 이에 따라 분류된다.

유저가 회원 가입을 하는 유스 케이스를 예로 들어보자. 유저는 이용 약관에 동의하고 아이디와
비밀번호를 입력한다. 시스템은 약관의 정보와 유저의 정보를 데이터베이스에 저장하고, 환영 이메
일을 발송한다. 회원 가입이라는 요청을 하나의 서비스로 처리할 수도 있다. 하지만 필수/선택 동
의 여부와 유저의 비밀번호를 암호화해서 저장하는 유저 서비스, 환영 이메일을 발송하는 이메일
서비스로 나눌 수 있다. 만약 이용 약관을 고도화해서 처리한다면 이를 이용 약관 서비스로 분리
할 수도 있을 것이다. 또한 서비스가 커지게 되면 별도의 애플리케이션이나 마이크로 서비스로 분
리하기도 한다. 작업을 별도의 작은 유스 케이스와 서비스로 분리하면 전체 시스템을 테스트하고,
이해하고, 유지 관리하기에 더 쉽다.

애플리케이션 계층의 모듈은 도메인 계층에 대한 접근 권한이 있다. 즉 도메인 객체를 직접 인스턴

---

6 도메인 주도 설계는 복잡한 소프트웨어 시스템을 개발할 때 도메인에 집중해 비즈니스 요구사항을 모델링하고, 이를 기술적으로
   구현하는 디자인 패러다임이다. 에릭 에반스의 《도메인 주도 설계》(위키북스, 2011)을 참고하라.
7 서비스는 특정 도메인을 다루는 도메인 서비스, 특정 작업을 수행하는 애플리케이션 서비스, 인프라스트럭처와 상호작용하는 인프
   라 서비스 등 다양한 종류로 나눌 수 있다. 여기에서는 애플리케이션 서비스를 지칭한다.

스로 만들어 사용할 수 있다. 또한 서비스는 서로를 호출할 수 있으며, 간단한 유스 케이스로 구성된 복잡한 유스 케이스를 만드는 것이 일반적이다. 앞에서 예로 든 회원 가입 유스 케이스의 경우, 유저 서비스가 이메일 서비스를 호출해 이메일 발송에 대한 처리를 위임한다.

2.3.3 인터페이스(인터페이스 어댑터) 계층

클린 아키텍처의 **인터페이스 계층**interface layer은 인프라 계층의 시스템(외부에서 만든 도구나 프레임워크 또는 데이터베이스와 같은 시스템)과 내부의 비즈니스 로직을 가지고 있는 애플리케이션 및 도메인 계층을 연결하는 역할을 한다. 한마디로 이 계층은 시스템의 외부와 내부 간의 인터페이스 역할을 한다.

인터페이스 계층의 주요 특징은 다음과 같다.

- **외부와 내부 사이의 데이터 변환**

  외부에서 전달된 데이터를 내부의 애플리케이션과 도메인에서 사용할 수 있도록 변환한다. 외부 시스템이 사용하는 특정 형식의 데이터를 내부 시스템의 형식으로 맞춘다. 또한 내부에서 처리된 데이터를 외부 시스템이 요구하는 형식으로 변환한다.

- **인터페이스 구현**

  외부 시스템과의 통신을 담당한다. 외부 시스템에서 제공하는 API나 다양한 데이터베이스와 웹 서비스 등의 시스템과의 연결을 구현한다.

- **외부 종속성의 분리**

  외부 시스템과의 종속성을 최소화하고, 클린 아키텍처 내에서 외부 요구 사항에 대한 종속성을 분리하는 역할을 한다.

기존의 계층형 아키텍처에서는 계층 간의 역할을 엄격히 지키도록 했다. 따라서 이를 따른다면 인프라 계층과의 상호작용은 인터페이스 계층에서만 담당해야 한다. 하지만 이는 너무 엄격해서 유연성이 떨어진다. 이후의 절에서 다시 설명하겠지만, 클린 아키텍처에서는 의존성 역전을 중요하게 다룬다. 이는 안쪽 계층의 구성 요소가 바깥쪽 계층의 구성 요소를 사용하고자 한다면 인터페이스를 이용하고, 그 인터페이스의 구현체를 외부의 계층에 두라는 것이다. 따라서 필요하다면 인프라 계층과의 통신을 애플리케이션 계층에서 담당하는 것도 상관이 없다. 이 책에서도 데이터베이스와의 인터페이스를 상황에 따라 인터페이스 계층이나 애플리케이션 계층 모두에서 사용할 것이다.

눈치챘겠지만 인터페이스 계층은 안쪽에 있는 애플리케이션 계층과 도메인 계층에 직접 의존성을 가져도 된다. 즉, 각종 서비스와 도메인 객체(엔티티)의 인스턴스를 직접 생성해 사용한다.

그림 2-1에도 볼 수 있듯이 인터페이스 계층에는 **컨트롤러**controller, **게이트웨이**gateway, **프레젠터** presenter가 사용된다. 컨트롤러는 UI를 통해 전달된 사용자의 입력과 요청을 내부로 전달한다. 웹 애플리케이션에서는 HTTP 요청을 처리하고, 그와 관련한 데이터를 다루는 역할을 한다. 게이트웨이는 외부 데이터 소스와의 통신을 담당한다. 외부 데이터베이스, API, 파일 시스템 등과의 상호작용을 처리한다. 내부 유스 케이스와 외부 데이터 소스 간의 중간 역할을 수행하며, 외부 데이터를 내부 시스템에서 사용할 수 있는 형식으로 변환한다. 프레젠터는 내부 유스 케이스가 처리한 데이터를 전달받아 사용자가 볼 수 있는 형태로 가공해 사용자 인터페이스로 전달한다. 일반적으로 웹 애플리케이션에서 템플릿을 구성하거나 JSON, HTML 등의 데이터를 사용자 인터페이스에 맞게 구성하는 역할을 수행한다.

2.3.4 인프라스트럭처(프레임워크 및 드라이버) 계층

클린 아키텍처의 가장 바깥에 있는 계층은 **인프라스트럭처 계층(인프라 계층)**infrastructure layer이다. 인프라 계층은 내부 시스템이 사용하고자 하는 외부 시스템을 다룬다. 예를 들면 데이터베이스에 저장된 데이터를 조회하는 SQL 문은 이 계층에 존재해야 한다. 그리고 이 구현체는 내부 시스템이 원하는 '조회' 인터페이스를 구현한 것이다. 즉, 인프라 계층은 사용자 인터페이스, 디바이스, 웹 프레임워크, 데이터베이스 등과 같은 외부 환경과의 상호작용을 담당한다.

또한, 인프라 계층은 외부 프레임워크와 라이브러리, API 등을 활용해 실제로 사용자와 시스템 사이의 상호작용을 구현한다. 사용자 인터페이스를 구현하고 사용자와의 상호작용을 처리한다. 웹 애플리케이션에서는 HTML, CSS, 자바스크립트JavaScript와 같은 웹 기술을 사용하며, 모바일 애플리케이션에서는 해당 플랫폼에 맞는 네이티브 또는 하이브리드 기술을 사용한다.

인프라 계층은 내부에서 제공하는 인터페이스를 구현하는 구현체들로 이루어진다. 이는 시스템을 수정에 강하게 만들고, 내부 비즈니스 로직을 외부 환경의 변화로부터 보호한다. 예를 들어 시스템에서 사용하는 데이터베이스를 관계형 데이터베이스에서 비관계형 데이터베이스로 변경하기로 할 수 있다. MySQL을 PostgreSQL로 변경하는 경우도 마찬가지다. 이럴 경우 데이터를 다루는 인터페이스의 구현체만 다시 작성하면 된다. 내부의 계층은 데이터베이스를 다루는 인터페이스에 의존하고 있고, 인터페이스는 변경되지 않기 때문에 내부의 구현이 변경되지 않는다.

2.4 의존관계 역전 원칙

클린 아키텍처에서 가장 중요한 규칙은 의존성에 관한 것이다. 앞서 설명했던 계층을 나누는 일은 그다지 어렵지 않다. 지금 구현하고자 하는 사항이 내부의 비즈니스 로직에 관련된 것인지, 외부의 시스템을 이용하는 것인지 아니면 그와의 인터페이스를 다루는 것인지 판단하면 된다. 이는 각 계층을 나눠가며 기능 구현을 하는 작업을 몇 번 하다 보면 자연스럽게 익히게 된다. 그 과정에서 각 계층의 구성 요소는 다른 계층의 구성 요소를 가져다 쓰게 된다. 즉, 의존성이 발생한다.

클린 아키텍처의 의존성 규칙은 그 의존성의 방향이 안으로 향하는 데에 있다. 그림 2-1의 좌측에 바깥 계층에서 안쪽으로 향하는 화살표가 있다. 이 화살표가 의존성의 방향을 나타낸다. 데이터의 형식 역시 마찬가지다. 고수준의 데이터 형식은 저수준에서 자유롭게 사용할 수 있다. 하지만 고수준의 구성 요소가 저수준의 데이터 형식에 의존하면 안 된다. 이는 외부 변경으로부터 내부 요소를 격리해 보호하기 위함이다. 외부에서 제공되는 프레임워크나 라이브러리는 우리의 의지와 상관없이 업데이트될 수 있다. 이러한 변경이 발생했을 때 만약 그 라이브러리의 모듈에 직접 의존하고 있다면 내부의 요소를 함께 수정해야 한다.

현재 사용 중인 외부 라이브러리 버전을 업데이트하지 말라는 뜻이 아니다. 앞 절의 예에서 본 바와 같이 고수준의 구성 요소는 같은 계층에 있는 인터페이스를 이용해 바깥 계층의 요소를 다루어야 한다. 이것이 의존성 역전이며, 객체지향 설계에서의 중요한 개념 중 하나다.

SOLID로 널려진 객체지향 설계 원칙 역시 로버트 C. 마틴이 정리한 개념이다. **의존관계 역전 원칙** dependency inversion principle 외의 다른 원칙은 다음과 같다.

- **단일 책임 원칙**single responsibility principle

  한 클래스는 하나의 책임만 가져야 한다.

- **개방 폐쇄 원칙**open-closed principle

  소프트웨어 요소는 확장에는 열려 있으나 변경에는 닫혀 있어야 한다.

- **리스코프 치환 원칙**Liskov substitution principle

  프로그램의 객체는 프로그램의 정확성을 깨뜨리지 않으면서 하위 타입의 인스턴스로 바꿀 수 있어야 한다.

- **인터페이스 분리 원칙**|interface segregation principle

특정 클라이언트를 위한 인터페이스 여러 개가 범용 인터페이스 하나보다 낫다.

2.5 마무리

이 장에서는 클린 아키텍처에 대해 배웠다. 클린 아키텍처의 목표는 소프트웨어의 유연성을 향상하고, 유지보수성을 증가시키는 것이다. 이를 위해 소프트웨어를 네 개의 계층으로 나누었다. 이 책에서는 이를 각각 도메인 계층, 애플리케이션 계층, 인터페이스 계층, 인프라 계층이라고 한다.

도메인 계층은 우리가 만드는 시스템의 핵심 로직을 담고 있다. 애플리케이션 계층은 유스 케이스를 구현하는 데 필요한 비즈니스 로직을 다룬다. 인터페이스 계층은 시스템이 외부 세상과 소통하는 곳이다. 인프라 계층은 외부 시스템을 다루는 구현체를 가진다. 인프라 계층의 구성 요소는 언제든 인터페이스를 만족하는 다른 구성 요소로 갈아 끼울 수 있어야 한다.

클린 아키텍처에서 가장 중요한 개념은 의존성 규칙이다. 고수준(안쪽 계층)의 구성 요소는 저수준(바깥쪽 계층)의 구성 요소에 직접 의존하면 안 된다. 이럴 경우 인터페이스를 정의해 사용해야 한다.

다음 장에서는 TIL 서비스의 핵심 기능 중 하나인 회원 가입 기능을 FastAPI로 구현한다. 이 장에서 설명한 각 계층을 차례로 구현하는 예를 통해 클린 아키텍처에 대해 익숙해지도록 한다.

CHAPTER

3

회원 가입

이제 본격적으로 FastAPI를 이용해 TIL 애플리케이션을 만들어보자. TIL 앱은 다수의 사용자가 사용하는 앱이다. 따라서 회원 가입 기능이 필요하다. 이 장에서는 회원 가입 기능을 클린 아키텍처의 가장 안쪽 계층부터 차례로 구현한다. 어느 계층부터 구현해야 하는지 정해진 바는 없다. 이 책에서는 계층 간의 통신을 인접 계층만 가능하도록 엄격히 지키지 않는다.[1] 따라서 어느 계층에서나 가장 안쪽에 있는 도메인 객체를 사용할 수 있다. 따라서 가장 안쪽 계층부터 구현하는 것이 좋다.

3.1 User 도메인

회원을 나타내는 리소스의 이름을 User라고 하자. 회원 리소스를 다루는 기능을 유저 서비스라고 칭하고, 소스 디렉터리 구조에서 user 디렉터리에 구현한다. 먼저 User 도메인 모델부터 작성한다.

코드 3.1 **user/domain/user.py**

```
from dataclasses import dataclass
from datetime import datetime

@dataclass  ❶
```

---

1   클린 아키텍처는 계층형 아키텍처에서 발전된 형태다. 계층을 완전히 별개로 보면 모든 통신을 인터페이스로 해야 하고, 구조가 너무 복잡해진다.

```
class User: ❷
    id: str
    name: str
    email: str
    password: str
    created_at: datetime
    updated_at: datetime
```

❶ 도메인 객체를 다루기 쉽도록 하기 위해 파이썬에서 제공하는 `dataclass`로 선언했다.

❷ 유저는 아이디(리소스 구분자), 이름, 이메일(로그인 아이디로 사용함), 비밀번호와 리소스가 생성된 시각 및 갱신된 시각을 가진다.

유저의 이름과 이메일을 `Profile`이라는 도메인으로 분리하고 싶을 수도 있다. 그렇다면 `Profile` 도메인 클래스를 따로 만들고 `User` 도메인의 속성으로 다룰 수 있다.

코드 3.2 **Profile을 별도 클래스로 분리한 도메인**

```
from dataclasses import dataclass
from datetime import datetime

@dataclass
class Profile:
    name: str
    email: str

@dataclass
class User:
    id: str
    profile: Profile
    password: str
    created_at: datetime
    updated_at: datetime
```

이렇게 프로필을 별도의 도메인으로 분리했다고 해서 데이터베이스도 분리해 `Profile` 테이블을 만들 필요는 없다. 이는 선택 사항이다. `User`라는 테이블에 모든 데이터를 포함하고, 데이터베이스에서 데이터를 불러와서 도메인 객체를 만들 때 `Profile` 도메인 객체와 `User` 도메인 객체로 만들 수도 있다. `Profile`을 다시 보면 `id` 속성이 없다. 이처럼 데이터만 가지고 있는 도메인 객체를 **값 객체**value object, VO라고 한다. 도메인 주도 설계에서는 도메인을 다시 핵심 도메인과 서브 도메인으로 나눈다. 하지만 이 책은 도메인 주도 설계를 적용하지 않기 때문에 간단한 모델을 사용한다.

User 도메인을 영속화하기 위한 모듈의 이름을 IUserRepository라고 하겠다. 이름에 I를 붙인 이유는 명시적으로 인터페이스임을 나타내기 위함이다. 이 인터페이스 실제 구현체는 인프라 계층에 존재한다. 도메인 계층에 존재하는 이 모듈은 어느 계층에서나 사용할 수 있으며, 인프라 계층보다 고수준의 계층에서 사용할 때는 그 의존성이 역전돼 있다.

코드 3.3 **user/domain/repository/user_repo.py**

```python
from abc import ABCMeta


class IUserRepository(metaclass=ABCMeta):  ❶
    pass
```

❶ IUserRepository 클래스는 파이썬에서 제공하는 객체지향 인터페이스로 선언하기 위해 ABCMeta 클래스를 이용한다.

3.2 회원 가입 유스 케이스

회원 가입 기능에 대한 요구 사항은 다음과 같다.

1. 전달받은 이메일과 패스워드를 User 테이블에 저장한다.
2. 이때 중복된 이메일이 존재한다면 에러를 발생시킨다.
3. 패스워드는 사람이 읽지 못하게 암호화돼야 한다.

이 유스 케이스를 구현해보자.

3.2.1 ULID

유저의 ID는 임의의 ULID 문자열을 이용한다. **ULID(정렬 가능한 범용 고유 식별자)**universally unique lexicographically sortable identifier는 유일한 값을 가지고, 사전적으로 정렬할 수 있는 식별자이다. ULID는 전통적인 **UUID(범용 고유 식별자)**universally unique identifier와 유사하지만, 몇 가지 특징으로 인해 UUID보다 나은 점이 있다.

기존에는 테이블의 ID를 숫자형으로 많이 사용했는데 이는 요청이나 응답에 ID가 포함될 경우 내부 데이터의 크기를 짐작할 수 있는 등의 단점이 있어 UUID를 많이 사용했다. 하지만 UUID는 문자열이 너무 길어서 데이터가 많을 때 리소스가 낭비되고 성능에 문제가 생긴다. 보통 UUID1과

UUID4를 많이 사용한다. 하지만 UUID1은 시간 순서는 보장하지만, 생성되는 기기의 정보를 이용하기 때문에 보안 위험이 있다. UUID4는 여러 대의 기기에서 동시에 생성할 경우 충돌의 위험이 있고, 완전히 임의의 문자열이기 때문에 데이터베이스의 정렬 성능에 문제가 발생한다.

이에 비해 ULID는 첫 48비트를 현재 타임스탬프 기반으로 생성한다. 이는 ULID가 생성될 때 시간순으로 생성된다는 뜻이고, UUID1과 같이 검색 성능을 향상할 수 있다. 또한 문자열로 변환되는 비트 수가 적기 때문에 저장공간이나 데이터 전송에 성능이 좋다.

ULID를 생성해주는 py-ulid 패키지를 설치하자.

```
(fastapi-ca-py3.11) $ poetry add py-ulid
```

3.2.2 유저 저장

먼저 안쪽에서 두 번째 계층인 애플리케이션 계층에 UserService를 만들고, 유저를 저장하는 함수를 구현한다.

코드 3.4 **user/application/user_service.py**

```python
from ulid import ULID
from datetime import datetime
from user.domain.user import User
from user.domain.repository.user_repo import IUserRepository
from user.infra.repository.user_repo import UserRepository

class UserService:
    def __init__(self):
        self.user_repo: IUserRepository = UserRepository()  ❶
        self.ulid = ULID()

    def create_user(self, name: str, email: str, password: str):
        now = datetime.now()
        user: User = User(  ❷
            id=self.ulid.generate(),
            name=name,
            email=email,
            password=password,
            created_at=now,
            updated_at=now,
        )
        self.user_repo.save(user)  ❸
```

```
        return user
```

❶ 유저를 데이터베이스에 저장하는 저장소는 인프라 계층에 구현체가 있어야 한다. 외부의 서비스를 다루는 모듈은 그 수준이 낮기 때문이다. 따라서 데이터를 저장하기 위해 `IUser Repository`를 사용한다. 의존성이 역전돼 있다.

❷ `User` 도메인 객체를 생성한다.

❸ 생성된 객체를 저장소로 전달해 저장한다.

NOTE 앞선 코드에서 `user_repo`는 타입이 `IUserRepository`로 선언돼 있지만 실제 할당되는 객체는 `UserRepository`의 객체다. 하지만 이 코드는 애플리케이션 계층이 인프라 계층에 직접 의존하고 있다. `UserRepository` 클래스를 직접 사용하기 때문이다. 따라서 클린 아키텍처의 대전제를 위반한다. 이를 해결하기 위한 방법은 다음 장에서 다룬다. 일단은 이렇게 진행하도록 하자.

유저 저장소에는 유저 객체를 저장하는 `save` 함수가 필요하다.

코드 3.5 **user/domain/repository/user_repo.py**

```python
from abc import ABCMeta, abstractmethod
from user.domain.user import User

class IUserRepository(metaclass=ABCMeta):
    @abstractmethod  ❶
    def save(self, user: User):
        raise NotImplementedError  ❷
```

❶ 인터페이스의 구현체에서 구현할 함수를 `@abstractmethod`로 선언한다. 이제 `IUserRepository` 클래스는 추상 클래스이므로 객체를 직접 생성할 수 없다. 또한 구현체는 이 함수를 구현하지 않으면 에러가 발생한다.

❷ 인터페이스 함수의 구현부는 `NotImplementedError`를 일으켜서 구현이 필요함을 기술한다.

인프라 계층에 있는 `UserRepository` 클래스는 뒤에서 구현할 것이므로 일단 다음과 같이 선언만 해두자.

코드 3.6 **user/infra/repository/user_repo.py**

```python
from user.domain.repository.user_repo import IUserRepository

class UserRepository(IUserRepository):
    pass
```

이제 유저를 데이터베이스에 저장하기 전에 이미 가입돼 있는 유저인지 검사하는 기능을 구현하자. 가입 여부는 이메일로 가입된 유저가 있는지로 판단한다. 만약 같은 이메일을 가지는 유저가 있다면 인프라 계층에서 422 에러를 일으키도록 할 것이다. 따라서 애플리케이션 계층에서는 이 422 에러에 대한 예외 처리를 추가한다. 422 외의 예외는 다시 같은 예외를 발생시키도록 한다.

코드 3.7 user/application/user_service.py

```python
--생략--
from fastapi import HTTPException
--생략--
class UserService:
    def __init__(self):
        --생략--

    def create_user(self, name: str, email: str, password: str):
        _user = None    ❶

        try:
            _user = self.user_repo.find_by_email(email)
        except HTTPException as e:
            if e.status_code != 422:
                raise e

        if _user:    ❷
            raise HTTPException(status_code=422)

        now = datetime.now()
        user: User = User(
            --생략--
        )
        self.user_repo.save(user)

        return user
```

❶ 데이터베이스에서 찾은 유저 변수다. 새로 생성할 유저와 구분하기 위해 _를 붙였다.

❷ 이미 가입한 유저일 경우 다시 422 에러를 일으킨다.

저장소도 수정이 필요하다.

코드 3.8 user/domain/repository/user_repo.py

```python
class IUserRepository(metaclass=ABCMeta):
    @abstractmethod
    def save(self, user: User):
        raise NotImplementedError

    @abstractmethod
    def find_by_email(self, email: str) -> User:
        """
        이메일로 유저를 검색한다.
        검색한 유저가 없을 경우 422 에러를 발생시킨다.
        """
        raise NotImplementedError
```

저장소에서 만약 이메일로 유저를 찾지 못했다면 예외를 발생시킨다. 예외는 HTTP 422 Unprocessable Content 에러를 일으켜서 FastAPI가 응답을 처리하도록 한다. 422 에러는 서버가 요청한 엔티티의 구문을 제대로 해석했지만, 명령을 수행할 수 없다는 뜻이다.[2] 일단은 인터페이스에 주석으로 추가해두자.

3.2.4 패스워드 암호화

데이터베이스에 패스워드와 같은 민감한 정보는 평문으로 저장하지 않는다. 사람이 알아볼 수 없도록 암호화해서 저장해야 한다. 이를 위해 암호화 라이브러리가 필요하다. 암호화 라이브러리에는 다양한 것들이 존재한다. 이 책에서는 FastAPI 공식 문서에서 추천하는 **PassLib 패키지**와 **Bcrypt 암호화 알고리즘**을 사용한다. 이제 패키지를 설치해보자.

```
(fastapi-ca-py3.11) $ poetry add "passlib[bcrypt]"
```

다음으로 PassLib를 이용해 평문을 암호화하고, 암호화된 문자열이 주어진 평문에서 생성된 것인지 검증하는 모듈을 만든다.

코드 3.9 utils/crypto.py

```python
from passlib.context import CryptContext

class Crypto:
```

---

2   https://developer.mozilla.org/en-US/docs/Web/HTTP/Status/422

```python
    def __init__(self):
        self.pwd_context = CryptContext(schemes=["bcrypt"], deprecated="auto")

    def encrypt(self, secret):
        return self.pwd_context.hash(secret)

    def verify(self, secret, hash):
        return self.pwd_context.verify(secret, hash)
```

crypto 모듈은 프로젝트의 루트 경로에 있는 `utils` 디렉터리에 존재한다. `utils` 디렉터리는 `user` 앱 외에도 다른 앱에서 공통으로 사용하는 유틸성 모듈을 가진다. 만약 다음에 유저 앱이 `PassLib` 가 아니라 다른 패키지를 사용할 것이라고 예상된다면, `crypto` 모듈은 인프라 계층으로, 이에 대한 인터페이스(`ICrypto`)는 적당한 계층으로 옮길 수도 있을 것이다.

이제 유저를 생성할 때 패스워드를 암호화해서 저장한다.

코드 3.10 user/application/user_service.py

```python
--생략--
from utils.crypto import Crypto

class UserService:
    def __init__(self):
        self.user_repo: IUserRepository = UserRepository()
        self.ulid = ULID()
        self.crypto = Crypto()

    def create_user(self, name: str, email: str, password: str):
        --생략--
        user: User = User(
            id=self.ulid.generate(),
            name=name,
            email=email,
            password=self.crypto.encrypt(password),
            created_at=now,
            updated_at=now,
        )
        self.user_repo.save(user)

        return user
```

3.3 회원 가입 인터페이스

이제 회원 가입 요청에 대한 인터페이스 계층을 만들 차례다. 우리 서비스가 제공하는 비즈니스 로직의 구현은 이미 모두 구현했다. 인터페이스 계층은 외부에서 들어오는 요청과 내부에서 내보내는 응답을 다룬다.

3.3.1 API 라우터

먼저 라우터를 구현해야 한다. **라우터**router는 클라이언트의 요청을 해당 요청에 맞는 핸들러 또는 컨트롤러로 연결해주는 메커니즘이다. 일반적으로 HTTP 요청(`GET`, `POST`, `PUT`, `DELETE` 등)과 URL 경로를 특정 함수 또는 핸들러로 매핑해준다.

현재 우리가 가진 라우터는 1.3절에서 만든 기본적인 라우터밖에 없다. 기존의 `hello` 라우터(main. py에 있는 `hello` 함수)를 삭제하고, 유저 서비스에서 사용할 라우터 모듈을 만든다. MVC 패턴에서는 라우터의 역할을 하는 구성 요소를 컨트롤러라고 한다. 이 책에서 역시 라우터의 역할을 하는 모듈을 컨트롤러라고 칭한다.[3]

코드 3.11 **user/interface/controllers/user_controller.py**

```
from fastapi import APIRouter

router = APIRouter(prefix="/users")   ❶

@router.post("", status_code=201)   ❷
def create_user():
    return "user created"   ❸
```

❶ FastAPI가 제공하는 `APIRouter` 객체를 생성한다. 유저 앱은 대부분 유저 엔티티를 다루는 기능을 가진다. 따라서 API 경로에 `/users`로 시작하도록 한다.

❷ `@router` 데커레이터와 `APIRouter`에서 제공하는 `post` 메서드를 이용해 `/users`라는 경로로 POST 요청을 받을 수 있다. `prefix`가 `/users`이기 때문이다.

❸ 임시 구현이다. 실제 유저 정보를 받아서 처리하는 부분은 이어서 구현한다.

---

3   여러분이 장고에 익숙하고, 장고를 백엔드 전용으로 사용하고 있다면 장고의 API뷰(APIView)에 해당하는 것이 라우터다.

유저 리소스 생성이 성공했을 때 응답의 **HTTP 상태 코드**HTTP status code를 201로 했다. 이 상태 코드에 대한 MDN 문서[4]의 설명은 다음과 같다.

> HTTP `201 Created`는 요청이 성공적으로 처리되었으며, 자원이 생성되었음을 나타내는 성공 상태 응답 코드입니다. 응답이 반환되기 이전에 새로운 리소스가 생성되며, 응답 메시지 본문에 새로 만들어진 리소스 혹은 리소스에 대한 설명과 링크를 메시지 본문에 넣어 반환합니다. 그 위치는 요청 URL 또는 `Location`(en-US) 헤더 값의 URL입니다.
>
> 이 상태 코드의 일반적인 사용 사례는 `POST` 요청에 대한 결과입니다.

라우터를 만들었으니 FastAPI 애플리케이션이 이 라우터를 사용하도록 설정해야 한다.

코드 3.12 **main.py**

```
--생략--
from user.interface.controllers.user_controller import router as user_routers

app = FastAPI()
app.include_router(user_routers)
--생략--
```

3.3.2 파이단틱을 이용한 유효성 검사

파이단틱pydantic은 데이터 유효성 검사와 직렬화/역직렬화를 위해 FastAPI가 기본으로 사용하고 있는 라이브러리다. FastAPI를 설치할 때 함께 설치되므로 따로 설치할 필요는 없다. 파이썬의 타입 힌트 기능을 이용해 유효성을 검증한다. 또한 데이터 모델에서 JSON 스키마를 자동으로 생성할 수 있는데, 이는 OpenAPI 스펙을 작성할 때 유용하다.

파이단틱을 이용해 요청과 응답의 본문body을 다루는 작업을 해보자. 먼저 회원 가입 라우터로 전달된 외부의 요청에 포함돼 있는 본문을 검사하는 기능을 만들어보자. 요청 본문을 나타내는 **파이단틱 모델**[5]부터 만들어야 한다.[6]

---

4   https://developer.mozilla.org/ko/docs/Web/HTTP/Status/201
5   이 책에는 모델이라는 용어가 자주 등장한다. 맥락을 파악하면 그 뜻을 알 수 있지만, 용어를 정확히 구분하기 위해 도메인 모델, 파이단틱 모델, 그리고 영속화 과정에서 배울 데이터베이스 모델이라는 용어를 사용한다.
6   FastAPI는 딕셔너리, 파이단틱 모델 등 여러 타입의 파이썬 객체를 응답으로 전달하면 자동으로 JSON 문자열로 직렬화해준다.

코드 3.13 **user/interface/controllers/user_controller.py**

```python
from fastapi import APIRouter
from pydantic import BaseModel

router = APIRouter(prefix="/users")

class CreateUserBody(BaseModel):    ❶
    name: str
    email: str
    password: str

@router.post("")
def create_user(user: CreateUserBody):    ❷
    return user    ❸
```

❶ 파이단틱의 `BaseModel`을 상속받아 파이단틱 모델을 선언한다.

❷ FastAPI는 라우터의 경로와 메서드(여기서는 `POST`)에 따라 요청 매개변수나 본문을 라우터에 전달한다. 따라서 위에서 선언한 파이단틱 `CreateUserBody` 모델이 라우터 함수의 인수로 주입 된다.

❸ 일단 전달받은 파이단틱 모델을 다시 응답으로 내보낸다.

`/users` 엔드포인트로 유저 생성 요청을 해보면 잘 동작하는 것을 확인할 수 있다.

> **NOTE** FastAPI 공식 문서에서는 API의 진입점을 나타내는 라우터 함수를 **경로 수행 함수**path operation functions 라는 용어로 사용한다. 이 책에서는 일반적으로 통용되는 용어인 **엔드포인트 함수**endpoint function 또는 **라우터 함수** router function로 사용한다.

```bash
$ curl -X 'POST' \    ❶
 'http://localhost:8000/users' \
 -H 'accept: application/json' \    ❷
 -H 'Content-Type: application/json' \    ❸
 -d '{    ❹
   "name": "Dexter",
   "email": "dexter.haan@gmail.com",
   "password": "test-password"
 }'
```

❶ `curl`의 `-X` 옵션은 HTTP 메서드를 나타낸다.

❷ `-H` 옵션은 HTTP 요청의 헤더를 뜻한다. `accept` 옵션은 클라이언트가 이해 가능한 콘텐츠 타

입이 무엇인지를 알려주는 옵션으로 생략해도 무방하다.

❸ Content-Type 헤더로 JSON을 전달한다고 서버에게 알린다. 이 헤더를 생략하면 에러가 발생한다.

❹ -d 옵션으로 본문을 전달한다.

윈도우에서는 줄바꿈 기호를 역슬래시(\) 대신 캐럿(^)을 사용하고 각 줄의 마지막에 공백이 없어야 한다. 또한 본문 JSON 문자열 기호로 홑따옴표(')를 사용할 수 없다. 따라서 다음과 같이 작성해야 한다. 에러를 줄이기 위해 한 줄로 작성하는 것도 방법이다.

```
c:\> curl -X POST ^
http://localhost:8000/users ^
-H "accept: application/json" ^
-H "Content-Type: application/json" ^
-d "{\"name\": \"Dexter\", \"email\": \"dexter.haan@gmail.com\", \"password\": \"test-
password\"}"
```

3.3.3 유효성 검사 오류의 상태 코드를 400 Bad Request로 변경하기

파이단틱 모델은 타입을 검사한다. 따라서 본문의 타입을 잘못 전달하면 에러가 발생한다. 앞 절에서 password의 값에 숫자를 전달해보라. 다음과 같은 에러가 발생한다. 이 응답은 '본문의 password가 문자열이 돼야 하지만 숫자형인 10이 입력되었다'는 뜻이다.

```
{
  "detail": [
    {
      "type": "string_type",
      "loc": [
        "body",
        "password"
      ],
      "msg": "Input should be a valid string",
      "input": 10,  ❶
      "url": "https://errors.pydantic.dev/2.4/v/string_type"
    }
  ]
}
```

❶ 파이단틱 모델에서 선언한 것과 다른 타입의 값을 전달했다.

하지만 HTTP 응답 코드가 `400 Bad Request`가 아니라 `422 Unprocessable Entity`가 되었다!
HTTP 스펙에 따르면 400 에러[7]와 422 에러[8]의 정의는 다음과 같다.

400 Bad Request

`400 Bad Request` 응답 상태 코드는 서버가 클라이언트 오류(예: 잘못된 요청 구문, 유효하지 않은 요청 메시지 프레이밍, 또는 변조된 요청 라우팅)를 감지해 요청을 처리할 수 없거나, 하지 않는다는 것을 의미합니다.

422 Unprocessable Content[9]

`422 Unprocessable Content` 응답 상태 코드는 서버가 요청 엔티티의 콘텐츠 형식을 이해했고 요청 엔티티의 문법도 올바르지만 요청된 지시를 처리할 수 없음을 나타냅니다.

즉, **400 에러**는 클라이언트가 잘못된 형식의 값을 전달했기 때문에 서버는 해당 요청을 처리하지 않고 에러를 반환한다는 뜻이다. 그에 비해 **422 에러**는 전달된 데이터의 형식에는 문제가 없지만 처리할 수 없는 상태임을 나타낸다. 예를 들어 어떤 유저 ID에 해당하는 유저의 전화번호를 검색하고자 했는데 해당 유저는 이미 탈퇴한 유저라서 개인정보 보호를 위해 데이터가 삭제된 상태일 수 있다.

하지만 FastAPI는 400 에러를 422 에러로 처리하고 있다. 이와 관련해 깃허브에서는 응답 코드를 변환할 방법을 논의 중이다.[10] 그래도 다행히 우리는 이 기능이 개발될 때까지 기다리지 않고도 400 에러로 처리할 방법이 있다.

코드 3.14 **main.py**

```
--생략--
from fastapi.exceptions import RequestValidationError
from fastapi.requests import Request
from fastapi.responses import JSONResponse

app = FastAPI()
app.include_router(user_routers)


@app.exception_handler(RequestValidationError)    ❶
```

---

7   https://developer.mozilla.org/ko/docs/Web/HTTP/Status/400
8   https://developer.mozilla.org/ko/docs/Web/HTTP/Status/422
9   RFC9110에서 이름이 변경되었지만, 많은 프레임워크와 시스템에서는 아직 예전 이름을 사용하고 있다.
10 https://github.com/tiangolo/fastapi/discussions/9061

```
async def validation_exception_handler(
    request: Request,
    exc: RequestValidationError
):
    return JSONResponse(
        status_code=400,   ❷
        content=exc.errors(),   ❸
    )
--생략--
```

❶ RequestValidationError가 발생했을 때의 에러 핸들러를 등록한다.

❷ 응답 코드를 400으로 변경한다.

❸ 예외 객체의 에러를 응답의 본문으로 전달한다.

이제 다시 잘못된 데이터를 전달해보면 400 에러와 함께 다음과 같은 응답을 확인할 수 있다.

```
[
  {
    "type": "string_type",
    "loc": [
      "body",
      "password"
    ],
    "msg": "Input should be a valid string",
    "input": 10,
    "url": "https://errors.pydantic.dev/2.4/v/string_type"
  }
]
```

3.3.4 유저 생성 유스 케이스 호출

이제 인터페이스 계층을 제대로 구현해보자.

코드 3.15 user/interface/controllers/user_controller.py

```
from fastapi import APIRouter
from pydantic import BaseModel

from user.application.user_service import UserService

router = APIRouter(prefix="/users")
--생략--
```

```
@router.post("", status_code=201)
def create_user(user: CreateUserBody):
    user_service = UserService()  ❶
    created_user = user_service.create_user(  ❶
        name=user.name,
        email=user.email,
        password=user.password
    )

    return created_user  ❷
```

❶ 애플리케이션 계층에 있는 `UserService` 객체를 만들고 유저 생성 유스 케이스 함수를 호출한다. 인터페이스 계층은 애플리케이션 계층에 의존해도 된다.

❷ 유스 케이스 함수의 응답은 새로 생성된 유저 도메인 객체다. 이 객체를 응답으로 반환한다.

아직은 인프라 계층이 구현되지 않았기 때문에 이 상태에서 요청을 보내면 에러가 발생한다. 다음 절에서 인프라 계층을 완전히 구현한 후 결과를 다시 확인하자.

3.3.5 클래스 기반 라우터

인프라 계층을 구현하기 전에 확인해야 할 사항이 있다. `create_user` 라우터로 요청의 본문(파이단틱 `User` 객체)을 잘 전달받았다. 하지만 애플리케이션 계층인 `UserService`의 객체를 라우터에서 직접 생성하고 있다. 현재의 `UserService` 생성 코드는 간단해서 문제가 되지 않지만, `UserService`를 사용하고자 하는 라우터가 많아지고 생성 시 해야 하는 초기화 과정이 복잡해진다면 많은 중복 코드를 양산하게 된다. 이 문제는 다음 장에서 살펴볼 의존성 주입으로 해결할 수 있다. 즉, `create_user` 라우터 함수에 `UserService` 객체를 전달받도록 할 수 있다. 문제는 다음과 같이 모든 라우터에 `UserService` 인수를 선언해야 한다는 점이다.

```
@router.post("")
def create_user(user: User, user_service: UserService):
    --생략--

@router.get("")
def get_users(user_service: UserService):
    --생략--
```

장고 프레임워크에는 `APIView`를 상속받는 뷰 클래스를 작성할 수 있다. 따라서 뷰 클래스의 생성자에 `UserService`를 한 번만 생성하고, 모든 라우터 함수에서 이 객체를 재활용할 수 있다.

```
class UsersView(APIView):
    def __init__(self):
        self.user_service = UserService()

    def post(self, user: User)
        self.user_service.create_user(user)

    def get(self)
        self.user_service.get_users()
```

FastAPI는 이러한 클래스 기반 라우터를 적용하는 것에 관해 깃허브에서 논의 중[11]이다. 하지만 FastAPI의 최종 구현이 어떻게 될지 모르기 때문에 이 책에서는 적용하지 않는다.

3.4 회원 정보 영속화

이제 회원 정보 기능의 구현과 관련해 마지막으로 인프라 계층을 구현할 차례다. 의존성이 역전돼 있는 `IUserRepository`의 구현체인 `UserRepository`를 구현해야 한다.

3.4.1 SQLAlchemy ORM 적용

객체 관계 매핑object relational mapping, ORM은 데이터베이스와 객체 지향 프로그래밍 언어 간의 데이터 변환을 도와주는 기술이다. ORM을 사용하지 않으면 프로그램에 SQL과 같이 직접 데이터베이스를 다루는 명령어를 기술하고, 수행 결과를 가공하는 작업을 해야 한다. 이 과정에서 복잡한 작업으로 인해 실수가 일어나기도 하고, 최적화된 SQL 문을 만들지 못할 수도 있다. 객체 관계 매핑을 적용하면 자연스럽게 프로그래밍하듯이 데이터베이스를 다룰 수 있으므로 생산성이 향상된다. 또한 객체 관계 매핑은 특정 데이터베이스에 종속되지 않는다. 만약 객체 관계 매핑을 사용하고 있다면, MySQL이 아닌 다른 데이터베이스로 변경하고자 할 때에도 프로그램을 이식하기 쉽다.

여러분이 장고를 사용하고 있다면 장고에 내장된 객체 관계 매핑을 사용하는 것이 자연스럽지만 FastAPI는 객체 관계 매핑이 내장되어있지 않으므로 따로 설치해서 사용해야 한다. 이 책에서는 파이썬 기반 객체 관계 매핑중 가장 인기 있는 **SQLAlchemy**를 사용한다. 먼저 SQLAlchemy를 설

---

11 https://github.com/tiangolo/fastapi/discussions/8944

치해야 한다. `mysqlclient` 패키지와 `alembic` 패키지도 함께 설치한다. `mysqlclient`는 MySQL과
의 연결을 위해 필요하다. Alembic은 SQLAlchemy와 함께 사용되는 데이터베이스 마이그레이션
도구다. 이를 이용해서 테이블을 생성, 수정, 삭제 등을 할 수 있고, 마이그레이션 파일을 생성해
스키마의 버전을 관리할 수 있다.

```
(fastapi-ca-py3.11) $ poetry add sqlalchemy mysqlclient alembic
```

만약 macOS 환경에서 mysql이 설치되어 있지 않다면 먼저 다음 명령어를 실행해 설치한다.

```
$ brew install mysql pkg-config
```

SQLAlchemy로 데이터베이스에 연결해보자. 만약 데이터베이스가 실행되고 있지 않다면 1장을 참
고해 실행하도록 한다. 프로젝트 루트 디렉터리에 database.py를 작성한다. 루트 디렉터리에 작성
하는 이유는 유저의 앱뿐만 아니라 모든 앱에서 데이터베이스를 공용으로 사용하기 때문에 그렇
게 했다.

코드 3.16 **database.py**

```
from sqlalchemy import create_engine
from sqlalchemy.ext.declarative import declarative_base
from sqlalchemy.orm import sessionmaker

SQLALCHEMY_DATABASE_URL = "mysql+mysqldb://root:test@127.0.0.1/fastapi-ca"  ❶
engine = create_engine(SQLALCHEMY_DATABASE_URL)
SessionLocal = sessionmaker(autocommit=False, autoflush=False, bind=engine)  ❷

Base = declarative_base()
```

❶ MySQL은 `mysql+mysqldb`로 연결한다. `root`와 `test`는 1장에서 만든 데이터베이스의 유저의 이
   름과 패스워드다. `fastapi-ca`는 앞서 만든 데이터베이스 스키마의 이름이다.

❷ `SessionLocal` 클래스는 데이터베이스 세션과 관련돼 있다. 이 클래스의 객체가 생성되면 데이
   터베이스 세션이 생성된다. 이때 옵션으로 `autocommit`을 `False`로 해 별도의 커밋 명령이 없으
   면 커밋이 자동으로 실행되지 않도록 했다. 만약 `True`로 설정하면 데이터베이스를 잘못 다루었
   을 때 롤백을 할 수 없다.

SQLAlchemy로 유저에 대한 데이터베이스 모델을 만들자. 이 모델은 도메인 모델과 동일한 속성을 가진다. 도메인 주도 설계에서는 도메인 모델과 데이터베이스 모델이 다른 경우가 빈번하다. 자세한 사항은 도메인 주도 설계와 관련한 자료를 참고하길 바란다.

코드 3.17 user/infra/db_models/user.py

```python
from datetime import datetime
from sqlalchemy import String, DateTime
from sqlalchemy.orm import Mapped, mapped_column
from database import Base

class User(Base):    ❶
    __tablename__ = "User"    ❷

    id: Mapped[str] = mapped_column(String(36), primary_key=True)    ❸
    name: Mapped[str] = mapped_column(String(32), nullable=False)
    email: Mapped[str] = mapped_column(String(64), nullable=False, unique=True)    ❹
    password: Mapped[str] = mapped_column(String(64), nullable=False)
    created_at: Mapped[datetime] = mapped_column(DateTime, nullable=False)
    updated_at: Mapped[datetime] = mapped_column(DateTime, nullable=False)
```

❶ 앞서 만든 `database` 모듈에서 `declarative_base` 함수에 의해 생성된 Base 클래스를 상속받는다. `declarative_base` 함수는 선언형 클래스를 정의하기 위한 기본 클래스를 생성한다. 생성된 기본 클래스는 메타클래스를 얻게 되는데, 이는 적합한 `Table` 객체를 생성하고, 클래스 내에서 선언된 정보와 클래스의 하위 클래스로부터 제공된 정보를 기반으로 적절한 매퍼를 생성한다. 쉽게 이야기해서 테이블을 생성하고 다룰 수 있는 클래스를 생성한다.

❷ 테이블의 이름을 지정한다.

❸ `id` 컬럼을 테이블의 기본 키로 한다. `id`는 숫자형이 아니라 UUID 또는 ULID와 같은 문자열을 사용할 것이기 때문에 `String`으로 지정했다. 최대 길이는 36자다.

❹ `email`은 유일한 값을 가져야 하므로 `unique` 속성을 부여한다.

그 외 컬럼은 모두 도메인 모델에 적합한 타입을 가지고, NOT NULL 속성을 지닌다.

3.4.2 Alembic으로 테이블 생성 및 리비전 관리

이제 **Alembic**을 이용해 테이블을 생성할 차례다. 그 전에 Alembic의 초기화를 수행해야 한다.

```
(fastapi-ca-py3.11) $ alembic init migrations
  Creating directory '/Users/dexter/src/fastapi-ca/migrations' ...  done
  Creating directory '/Users/dexter/src/fastapi-ca/migrations/versions' ...  done
  Generating /Users/dexter/src/fastapi-ca/migrations/script.py.mako ...  done
  Generating /Users/dexter/src/fastapi-ca/migrations/env.py ...  done
  Generating /Users/dexter/src/fastapi-ca/migrations/README ...  done
  Generating /Users/dexter/src/fastapi-ca/alembic.ini ...  done
  Please edit configuration/connection/logging settings in '/Users/dexter/src/fastapi-ca/
alembic.ini' before proceeding.
```

alembic.ini 파일과 함께 migrations 디렉터리 아래에 여러 파일이 생성됐다. alembic.ini 파일을
다음과 같이 수정한다.

코드 3.18 **alembic.ini**

```
--생략--
file_template = %%(year)d_%%(month).2d_%%(day).2d_%%(hour).2d%%(minute).2d-%%(rev)s_%%(slug)s  ❶

--생략--
sqlalchemy.url = mysql+mysqldb://root:test@127.0.0.1/fastapi-ca  ❷

--생략--
```

❶ 곧이어 볼 리비전 파일의 형식을 지정한다. `file_template` 부분의 주석을 해제한다. 이렇게 하
지 않으면 임의의 문자열로 된 파일이 생성돼 리비전 파일을 순서대로 확인하기 힘들다. 다음
을 참고해 원하는 형식으로 변경해도 좋다.

- `%%(rev)s`: 리비전 ID. 임의의 문자열이 생성된다.
- `%%(slug)s`: `-m` 옵션으로 전달된 문자열을 40자로 자른 문자열
- `%%(epoch)s`: `datetime.timestamp()` 함수로 생성된 유닉스epoch 시간
- `%%(year)d`, `%%(month).2d`, `%%(day).2d`, `%%(hour).2d`, `%%(minute).2d`, `%%(second).2d`:
  `datetime.timestamp()` 함수로 생성된 시각의 구성 요소

❷ Alembic은 수행 과정에서 alembic.ini 파일의 설정값을 읽는다. database.py에 기술한
`SQLALCHEMY_DATABASE_URL`과 같은 값을 기술했다.

env.py 파일은 다음과 같이 수정한다.

코드 3.19 **migrations/env.py**

```python
from logging.config import fileConfig

from sqlalchemy import engine_from_config
from sqlalchemy import pool

from alembic import context
import database
--생략--
target_metadata = database.Base.metadata,  ❶
--생략--
```

❶ `target_metadata`를 앞서 생성한 메타데이터 클래스로 지정했다.

이제 Alembic 리비전 파일을 생성할 차례다. 리비전 파일은 스키마의 버전을 추적하고, 스키마 변경 내역을 기록하는 역할을 한다. Alembic으로 데이터베이스 스키마를 변경하면 각 변경 사항은 리비전 파일로 기록된다. `alembic revision --autogenerate` 명령어를 수행하면 Alembic이 현재 소스와 `alembic_version` 테이블을 비교해 자동으로 리비전 파일을 생성한다. `-m` 옵션으로 현재 마이그레이션하려는 작업이 무엇인지 기술했다. 참고로 모든 과정에서 앞서 설정한 도커 컨테이너를 실행시켜야 실행된다는 점에 주의하자.

```
(fastapi-ca-py3.11) $ alembic revision --autogenerate -m "add User Table"
INFO  [alembic.runtime.migration] Context impl MySQLImpl.
INFO  [alembic.runtime.migration] Will assume non-transactional DDL.
INFO  [alembic.autogenerate.compare] Detected added table 'user'
  Generating /Users/dexter/src/fastapi-ca/migrations/versions/2023_11_09_0827-51475bf9e01b_
add_user_table.py ...   done
```

마지막 수행 결과를 보니 migrations/versions 디렉터리 내에 파일이 하나 생성되었다고 한다. 생성된 파일의 내용은 다음과 같다.

```python
"""add User Table

Revision ID: 51475bf9e01b
Revises:
Create Date: 2023-11-09 08:27:10.764244

"""
from alembic import op
```

```
import sqlalchemy as sa

# revision identifiers, used by Alembic.
revision = '51475bf9e01b'
down_revision = None
branch_labels = None
depends_on = None


def upgrade() -> None:
    # ### commands auto generated by Alembic - please adjust! ###
    pass
    # ### end Alembic commands ###


def downgrade() -> None:
    # ### commands auto generated by Alembic - please adjust! ###
    pass
    # ### end Alembic commands ###
```

upgrade 함수와 downgrade 함수는 각각 마이그레이션을 실행하고 롤백할 때 수행되는 코드를 가진다. 하지만 불행히도 리비전 파일이 생성되었음에도 함수 안에 아무런 내용이 없다. 이는 Alembic이 데이터베이스 모델이 변경됐음을 인지했지만, 모델의 위치를 찾지 못해 발생한다. 이 문제를 해결하기 위해 다음과 같이 코드를 수정하자.

먼저 루트 디렉터리에 database_models.py 파일을 만들고 생성하고자 하는 모델을 가져온다.

코드 3.20 database_models.py

```
import user.infra.db_models.user
```

다음으로 env.py에서 이 모듈을 가져온다.

코드 3.21 migrations/env.py

```
--생략--
import database
import database_models
--생략--
```

이제 앞에서 생성된 리비전 파일과 mySQL에 생성된 alembic_version 테이블을 삭제하고, 다시 리비전 파일을 생성하면 다음과 같이 변경돼 있다.

코드 3.22 2023_11_09_0832-382ab0927111_add_user_table.py

```
--생략--
# revision identifiers, used by Alembic.
revision = '382ab0927111'  ❶
down_revision = None
branch_labels = None
depends_on = None  ❷

def upgrade() -> None:  ❸
    # ### commands auto generated by Alembic - please adjust! ###
    op.create_table('User',
    sa.Column('id', sa.String(length=36), nullable=False),
    sa.Column('name', sa.String(length=32), nullable=False),
    sa.Column('email', sa.String(length=64), nullable=False),
    sa.Column('password', sa.String(length=64), nullable=False),
    sa.Column('created_at', sa.DateTime(), nullable=False),
    sa.Column('updated_at', sa.DateTime(), nullable=False),
    sa.PrimaryKeyConstraint('id')
    )
    # ### end Alembic commands ###

def downgrade() -> None:  ❹
    # ### commands auto generated by Alembic - please adjust! ###
    op.drop_table('User')
    # ### end Alembic commands ###
```

❶ 리비전 ID다.

❷ 현재 리비전 파일이 이전의 어떤 리비전 파일에 의존하는지를 나타낸다. 이를 통해서 리비전 파일만 있으면 데이터베이스를 새로 생성할 때 순서대로 마이그레이션을 할 수 있다. 지금은 처음 생성하기 때문에 이전 리비전 정보가 없다.

❸ 마이그레이션을 수행할 코드가 생성됐다.

❹ 롤백을 수행할 코드가 생성됐다.

리비전 파일을 생성했으니 이를 수행할 차례다. head 옵션은 가장 최신의 리비전 파일까지 수행하겠다는 뜻이다. 이때 리비전 파일의 upgrade() 함수가 수행된다. head 대신 +2와 같이 전달하면 가장 최근에 수행한 리비전에서 이후의 두 개 리비전 파일을 수행하겠다는 뜻이다.

```
(fastapi-ca-py3.11) $ alembic upgrade head
INFO  [alembic.runtime.migration] Context impl MySQLImpl.
INFO  [alembic.runtime.migration] Will assume non-transactional DDL.
```

```
INFO [alembic.runtime.migration] Running upgrade  -> 382ab0927111, add User Table
```

데이터베이스를 확인해보면 테이블이 잘 생성돼 있음을 알 수 있다. 이후로 데이터베이스에 접속하는 명령어는 생략한다.

```
$ docker exec -it bcf7fd6a7810 bash
bash-4.4# mysql -u root -h 127.0.0.1 -p
mysql> USE fastapi-ca;
Reading table information for completion of table and column names
You can turn off this feature to get a quicker startup with -A

Database changed
mysql> SHOW TABLES;
+--------------------+
| Tables_in_fastapi-ca |
+--------------------+
| alembic_version    |
| User               |   ❶
+--------------------+
2 rows in set (0.00 sec)
```

❶ 유저 테이블이 생성됐다.

`alembic_version` 테이블에는 마지막에 수행된 리비전이 기록된다. 앞서 `file_template`에 생성 시각이 표시되도록 해두었기 때문에, 이를 통해 어떤 리비전이 순서대로 수행됐는지 파악할 수 있다. 물론 리비전 파일이 제대로 관리되고 있다는 전제가 있어야 한다.

만약 수행한 마이그레이션을 취소하고 싶다면 `alembic downgrade` 명령어를 사용한다. 인수로 전달한 `-1`은 가장 최근의 리비전을 되돌리겠다는 뜻이다. 만약 `-2`를 적용하면 두 개의 리비전을 취소한다. 이때 리비전 파일에 기록된 `downgrade()` 함수가 수행된다.

```
(fastapi-ca-py3.11) $ alembic downgrade -1
INFO [alembic.runtime.migration] Context impl MySQLImpl.
INFO [alembic.runtime.migration] Will assume non-transactional DDL.
INFO [alembic.runtime.migration] Running downgrade 382ab0927111 -> , add User Table
```

데이터베이스를 확인하면 `User` 테이블은 삭제되고, `alembic_version`의 내용도 지워졌다.

```
mysql> SHOW TABLES;
```

```
+--------------------+
| Tables_in_fastapi-ca |
+--------------------+
| alembic_version    |
+--------------------+
1 row in set (0.00 sec)

mysql> SELECT * FROM alembic_version;
Empty set (0.00 sec)
```

3.4.3 UserRepository 구현

만약 User 테이블을 지운 상태라면 다시 생성하도록 한다. 이제 User 테이블이 준비되었으니 인프라 계층에서 데이터베이스를 다루는 작업을 수행하도록 하자. 먼저 유저를 저장하는 기능을 구현한다.

코드 3.23 user/infra/repository/user_repo.py

```python
from database import SessionLocal
from user.domain.repository.user_repo import IUserRepository
from user.domain.user import User as UserVO        ❶
from user.infra.db_models.user import User

class UserRepository(IUserRepository):
    def save(self, user: UserVO):
        new_user = User(        ❷
            id=user.id,
            email=user.email,
            name=user.name,
            password=user.password,
            created_at=user.created_at,
            updated_at=user.updated_at,
        )

        with SessionLocal() as db:
            db = SessionLocal()        ❸
            db.add(new_user)        ❹
            db.commit()        ❺

    def find_by_email(self, email: str) -> User:        ❻
        pass
```

❶ User 데이터베이스 모델과 클래스명이 같기 때문에 이를 구분하기 위해 VO 접미어를 붙였다.

❷ 유저 데이터베이스 모델 객체를 생성한다.

❸ 앞서 만든 `SessionLocal`을 이용해 새로운 세션을 생성한다.

❹ 새로 만든 유저를 저장한다.

❺ 데이터베이스에 커밋한다.

❻ 구현체가 없으면 동작 중 에러가 발생하기 때문에 일단 `pass` 처리해둔다.

세션 객체를 생성해서 사용할 때 `with` 구문을 사용해 세션이 자동으로 닫히도록 했다. 또는 다음과 같이 `try-finally` 구문으로 명시적으로 세션을 닫도록 할 수도 있다. 이는 선택 사항이지만 좋은 습관이다. 수행 과정에서 데이터베이스에 에러가 발생했을 때 세션이 제대로 닫히지 않을 수 있기 때문이다.

코드 3.24 **try-finally로 항상 세션을 닫도록 보장한다.**

```
--생략--
class UserRepository(IUserRepository):
--생략--
    def save(self, user: UserVO):
        --생략--
        with SessionLocal() as db:
            try:
                db = SessionLocal()
                db.add(new_user)
                db.commit()
            finally:
                db.close()
```

이제 유저를 추가해보자. 윈도우 환경에서는 줄바꿈 기호를 \ 대신 ^을 사용한다(3.2.2절 참고).

```
$ curl -X 'POST' \
  'http://localhost:8000/users' \
  -H 'accept: application/json' \
  -H 'Content-Type: application/json' \
  -d '{
  "name": "Dexter",
  "email": "dexter.haan@gmail.com",
  "password": "Test1234"
}'

{
  "id": "01HEYABEPHWXTMWWK2FV2P2V5D",
  "name": "Dexter",
```

```
    "email": "dexter.haan@gmail.com",
    "password": "$2b$12$wKbEOc/GRlGv8rMpzvoWXuP.lBlFP9YK9IsTXRj9hHtnfZg8Afjh6",
    "created_at": "2023-11-11T13:30:59.793571",
    "updated_at": "2023-11-11T13:30:59.793571"
}
```

`User` 테이블을 조회하면 새로운 유저가 추가돼 있다.

```
+-------------------------------+---------------+-----------------------------+
| id                            | name          | email                       |
+-------------------------------+---------------+-----------------------------+
| 01HEYABEPHWXTMWWK2FV2P2V5D    | Dexter        | dexter.haan@gmail.com       |
+-------------------------------+---------------+-----------------------------+
```

```
+---------------------+---------------------+---------------------+
| password            | created_at          | updated_at          |
+---------------------+---------------------+---------------------+
| $2b$12$wKbEOc...    | 2023-11-11 13:31:00 | 2023-11-11 13:31:00 |
+---------------------+---------------------+---------------------+
```

이어서 이메일로 유저를 조회하는 기능을 구현한다.

코드 3.25 user/infra/repository/user_repo.py

```python
def find_by_email(self, email: str) -> UserVO:
    with SessionLocal() as db:
        user = db.query(User).filter(User.email == email).first()  ❶

    if not user:  ❷
        raise HTTPException(status_code=422)

    return UserVO(
        id=user.id,
        name=user.name,
        email=user.email,
        password=user.password,
        created_at=user.created_at,
        updated_at=user.updated_at,
    )
```

❶ sqlalchemy로 인수로 전달받은 email을 가지는 유저를 찾는다. 없을 경우 None이 반환된다.
❷ 유저가 없다면 422 에러를 일으킨다.

다음 장으로 넘어가기 전에 위 코드를 약간 개선해보자. Repository에서 처리 결과로 도메인 객체를 넘겨주는 일이 많을 것으로 예상된다. 따라서 매번 SQLAchemy의 객체를 도메인 객체로 매핑하는 일은 지루한 작업이다. 이를 간편하게 처리하도록 함수를 만들자.

코드 3.26 utils/db_utils.py

```
from sqlalchemy import inspect

def row_to_dict(row) -> dict:
    return {key: getattr(row, key) for key in inspect(row).attrs.keys()}
```

sqlalchemy 모듈에서 제공하는 inspect 함수를 이용해 sqlalchemy의 row의 속성을 딕셔너리로 변환했다. 이제 find_by_email 함수의 반환 부분을 다음과 같이 변경한다.

코드 3.27 user/infra/repository/user_repo.py

```
from fastapi import HTTPException
from utils.db_utils import row_to_dict
--생략--
class UserRepository(IUserRepository):
    --생략--
    def find_by_email(self, email: str) -> UserVO:
        with SessionLocal() as db:

            user = db.query(User).filter(User.email == email).first()


            if not user:
                raise HTTPException(status_code=422)

        return UserVO(**row_to_dict(user))
```

** 구문은 파이썬에서 제공하는 가변 키워드를 다룰 때 사용하는 구문이다. User(**dto)와 같이 클래스의 생성자에 전달하면 dto 딕셔너리를 해체해 해당 키와 값으로 클래스를 생성한다.

3.5 마무리

FastAPI를 이용해 회원 가입 기능을 구현했다. 이 과정에서 클린 아키텍처를 적용했다. 네 개의 계층을 각각 따로 구현하면서 해당 계층의 구현에 집중했다. 이는 마치 테스트 주도 개발에서의 **모**

자 바꿔 쓰기[12]와 유사하다. 테스트 주도 개발에서 **레드-그린-리팩터**red-green-refactor **사이클**을 도는 것처럼 안쪽부터 각 계층을 구현하면서, 해당 계층에 맞는 모자로 바꿔 써보자.

지금까지 만든 소스 코드의 디렉터리 구조는 다음과 같다.

```
.
├── alembic.ini
├── database.py
├── database_models.py
├── main.py
├── migrations
│   ├── env.py
│   └── versions
│       └── 2023_11_09_0832-382ab0927111_add_user_table.py
├── poetry.lock
├── pyproject.toml
├── user
│   ├── application
│   │   └── user_service.py
│   ├── domain
│   │   ├── repository
│   │   │   └── user_repo.py
│   │   └── user.py
│   ├── infra
│   │   ├── db_models
│   │   │   └── user.py
│   │   └── repository
│   │       └── user_repo.py
│   └── interface
│       └── controllers
│           └── user_controller.py
└── utils
    ├── __init__.py
    ├── crypto.py
    └── db_utils.py
```

`user` 디렉터리 아래에 네 개의 계층이 잘 표현돼 있다. 이후에 다른 서비스가 추가되면 역시 해당 디렉터리에 각 계층이 추가된다.

---

12 테스트 코드, 실행 코드, 리팩터링 코드를 작성할 때, 각각에 해당하는 코드 작성자의 입장에서 코드를 바라보는 것을 의미한다. '레드-그린-리팩터'라고 부르며 정신을 각각의 상태에 맞게 쉽게 바꾸도록 모자를 바꿔 쓰라는 비유다.

의존성 주입

TIL 서비스에 기능을 더 추가하기 전에, 3장에서 회원 가입 요구 사항을 구현한 코드에 의존성 주입을 도입해보자.

의존성 주입dependency injection, DI은 객체 간의 의존성을 외부에서 주입하는 소프트웨어 디자인 패턴이다. 여기서 의존성은 어떤 함수, 클래스 또는 모듈이 다른 구성 요소에 의존해 해당 구성 요소를 사용하는 것 또는 그 의존하는 대상을 말한다. 3장의 예를 들면 `user_controller` 모듈은 `UserService`에 의존하고, `UserService`는 `UserRepository`에 의존한다. 이러한 의존성이 강하면 코드의 유연성이 떨어지고 유지보수가 어려워진다. 의존성은 존재할 수밖에 없다. 문제는 의존성 객체의 생성을 직접 수행하는 데 있다. 의존성의 구현이 변경돼 생성자가 바뀐다면 의존성을 사용하는 모든 곳에서 수정이 일어난다. 의존성 주입은 이러한 문제를 해결하기 위해 탄생한 아키텍처 패턴이다.

의존성 주입에는 크게 세 가지 유형이 있다.

1. **생성자 주입**constructor injection

   의존성을 객체 생성자를 통해 주입하는 방법이다. 객체가 생성될 때 필요한 의존성을 외부에서 주입해 객체를 생성한다.

2. **세터 주입**setter injection

   의존성을 세터 메서드를 통해 주입하는 방법이다. 객체 생성 후에 의존성을 주입할 수 있다.

3. 메서드 주입method injection

의존성을 메서드의 인수를 통해 주입하는 방법이다. 해당 메서드를 호출할 때 의존성을 전달한다.

의존성 주입은 다음과 같은 경우에 유용하다. 모두 의존성 객체를 한 곳에서 관리함으로써 얻을 수 있는 이점이다.

- 공통 로직을 공유하고자 할 때
- 데이터베이스 연결을 공유해서 사용하고자 할 때
- 인증, 권한 관리 등 보안을 강화하고자 할 때

의존성 주입을 적용하면 의존성을 가지는 객체를 주입받기 때문에 필요한 객체를 따로 생성할 필요가 없다. 하지만 이를 위해서는 주입하고자 하는 객체를 주입이 가능하도록 만들고, 주입받는 객체에 전달할 수 있는 프레임워크가 필요하다. 파이썬에서 가장 인기 있는 의존성 주입 프레임워크로 `dependency-injector` 패키지가 있다.

이 장에서는 먼저 FastAPI가 제공하는 의존성 주입 방식을 살펴보고, `dependency-injector`를 활용하는 방식도 적용한다.

4.1 Depends

FastAPI 프레임워크에는 `Depends` 함수를 이용해 의존성을 주입하는 방법을 제공한다. `Depends` 함수의 원형은 다음과 같다.

```
def Depends(
    dependency: Optional[Callable[--생략--, Any]] = None, *, use_cache: bool = True
) -> Any:
    return params.Depends(dependency=dependency, use_cache=use_cache)
```

- `dependency`: '주입할 수 있고dependable' '호출할 수 있는callable' 객체를 전달받는다. `Depends`에 전달된 객체는 `Depends`가 선언된 함수가 실행될 때 호출된다.
- `use_cache`: API 요청으로 의존성이 처음 호출된 후, 해당 의존성이 요청을 처리하는 나머지 과정에서 다시 선언되면(예를 들어 여러 동일한 의존성이 필요한 경우), 그 값은 요청의 나머지 부분 동안 재사용된다. `use_cache`를 `False`로 설정하면 이 동작을 비활성화하고 동일한 요청에 대해 해당 의존성이 다시 호출되도록 보장할 수 있다. 기본값은 `True`다.

앞에서 만든 `create_user` 라우터에 UserService를 주입해보자.

코드 4.1 **user/interface/controllers/user_controller.py**

```python
from typing import Annotated
from fastapi import APIRouter, Depends
--생략--

@router.post("", status_code=201)
def create_user(
    user: CreateUserBody,
    user_service: Annotated[UserService, Depends(UserService)]  ❶
):
    created_user = user_service.create_user(  ❷
        name=user.name,
        email=user.email,
        password=user.password
    )
```

❶ UserService를 의존성으로 주입한다. 파이썬에서 제공하는 Annotated를 이용해 user_service 인수의 타입이 UserService임을 나타낸다.

❷ 앞 장에서의 코드와 같이 UserService를 직접 생성하지 않고 주입받은 객체를 사용한다.

4.2 dependency-injector

FastAPI가 제공하는 Depends는 사용하기 편하다. 하지만 큰 단점이 있다. 우리는 클린 아키텍처로 소프트웨어를 만들고 있다. 따라서 의존성 역전은 필수 요소다. 현재까지의 구현에서 의존성 역전이 적용돼 있는 부분은 UserService가 UserRepository를 사용하는 부분이다. 일단 이 부분을 Depends를 이용해서 다시 구현해보자.

코드 4.2 **user/application/user_service.py**

```python
from typing import Annotated
from fastapi import HTTPException, Depends
--생략--

class UserService:
    def __init__(
        self,
        user_repo: Annotated[IUserRepository, Depends(UserRepository)]
    ):
```

```
        self.user_repo = user_repo
```

`UserService`의 생성자가 호출될 때 `Depends`에 의해 의존성이 주입되는 `UserRepository`의 객체를 만들어야 하므로 `Depends(UserRepository)`가 될 수밖에 없다. 이는 애플리케이션 계층이 여전히 인프라 계층에 직접 의존한다는 뜻이다. 따라서 무언가 다른 방법이 필요하다.

프레임워크에서 의존성 주입을 지원하지 않을 때 가장 많이 사용하는 방법은 `dependency-injector` 패키지를 이용하는 것이다. `dependency-injector`는 **IoC 컨테이너**IoC container[1]를 제공한다. 애플리케이션이 구동될 때 IoC 컨테이너에 미리 의존성을 제공하는 객체를 등록해두고 필요한 모듈에서 주입하도록 할 수 있다. 이렇게 되면 주입할 때의 타입을 인터페이스로 선언하더라도 실제로 주입되는 객체는 구현체가 되도록 할 수 있게 된다.

이제 `dependency-injector` 패키지를 설치하자.

```
(fastapi-ca-py3.11) $ poetry add dependency-injector
```

containers.py에 `UserRepository`를 컨테이너에 등록해서 사용해보자.

코드 4.3 **containers.py**
```
from dependency_injector import containers, providers
from user.infra.repository.user_repo import UserRepository

class Container(containers.DeclarativeContainer):
    wiring_config = containers.WiringConfiguration(
        packages=["user"],   ❶
    )

    user_repo = providers.Factory(UserRepository)   ❷
```

❶ 의존성을 사용할 모듈을 선언한다. `packages`에 패키지의 경로를 기술하면 해당 패키지 하위에 있는 모듈이 모두 포함된다. 만약 특정 모듈에만 제공하고 싶다면 `modules=["user.application.user_service"]`와 같이 할 수 있다.

❷ 의존성을 제공할 모듈을 팩토리에 등록한다.

---

1 '제어 역전 컨테이너(inversion of control container)'라고도 불리며, IoC 원칙에 따라 객체의 생성 및 의존성을 관리한다.

providers 모듈에는 Factory 외에도 여러 종류의 프로바이더를 제공한다. Factory는 객체를 매번 생성하고, Singleton은 처음 호출될 때 생성한 객체를 재활용한다. 나머지 프로바이더는 문서[2]를 참고하자.

코드 4.4 main.py

```python
from containers import Container
--생략--

app = FastAPI()
app.container = Container()    ❶
--생략--
```

❶ 애플리케이션을 구동할 때 앞에서 작성한 컨테이너 클래스를 등록한다.

코드 4.5 user/application/user_service.py

```python
from dependency_injector.wiring import inject, Provide
from fastapi import Depends
from containers import Container
--생략--

class UserService:
    @inject    ❶
    def __init__(
        self,
        user_repo: IUserRepository = Depends(
            Provide[Container.user_repo]    ❷
        )
    ):
        self.user_repo = user_repo
```

❶ 의존성 객체를 사용하는 함수에 @inject 데커레이터를 명시해 주입받은 객체를 사용한다고 선언한다.

❷ Depends 함수의 인수로 컨테이너에 등록된 UserRepository의 팩토리를 제공한다. 이제 UserService는 UserRepository에 직접 의존하지 않게 되었다!

@inject를 사용하지 않아도 dependency-injector는 메서드의 매개변수를 검사하고 필요한 의존성을 주입할 수 있다. 하지만 @inject를 사용하면 해당 메서드가 의존성 주입을 위해 디자인

---

2 https://python-dependency-injector.ets-labs.org/providers/index.html

된 것임을 코드에서 명시적으로 확인할 수 있다. 따라서 코드의 가독성과 유지보수성을 고려해 `@inject`를 사용하는 것이 권장된다.

> **NOTE** FastAPI 공식 문서에서는 `Depends`를 사용할 때 타입을 지정하기 위해 `Annotated`를 이용하라고 권장한다. 하지만, `user_repo`를 컨트롤러에서 `Depends`에 사용했던 것과 같이 선언하면 실행 시 에러가 발생한다.

```
user_repo: Annotated[IUserRepository, Depends(Provide[Container.user_repo])]
```

이슈에 대한 PR[3]이 제출돼 있으니, 다음 버전에서 해결되기를 기대해보자.

여기서 잠깐 짚고 넘어갈 사항이 있다. 우리는 현재 FastAPI를 이용해 웹 서비스를 개발하고 있다. 하지만 조직에서 사용하는 프레임워크를 다른 프레임워크로 교체하는 일이 가끔 일어난다. 그러할 경우를 위해 인터페이스 계층 외의 코드를 최대한 FastAPI와 느슨하게 구현해두면 좋다.

앞의 코드를 다시 살펴보자. `UserService` 생성자에서 `user_repo`를 주입할 때 FastAPI가 제공하는 `Depends`를 이용하고 있다. 따라서 이 부분을 개선해보자.

먼저 컨테이너를 수정한다.

코드 4.6 containers.py

```python
from dependency_injector import containers, providers
from user.application.user_service import UserService

from user.infra.repository.user_repo import UserRepository


class Container(containers.DeclarativeContainer):
    wiring_config = containers.WiringConfiguration(
        packages=["user"],
    )

    user_repo = providers.Factory(UserRepository)
    user_service = providers.Factory(UserService, user_repo=user_repo)  ❶
```

❶ `UserService` 객체를 생성할 팩토리를 제공한다. 이때, `UserService` 생성자로 전달될 `user_repo` 객체 역시 컨테이너에 있는 팩토리로 선언했다.

---

3 https://github.com/ets-labs/python-dependency-injector/pull/721

이제 유저 컨트롤러를 수정해 라우터 함수에서도 `dependency-injector`로부터 의존성을 주입받도록 한다.

코드 4.7 user/interface/controllers/user_controller.py

```
from dependency_injector.wiring import inject, Provide
from containers import Container
--생략--

@router.post("", status_code=201)
@inject  ❶
def create_user(
    user: CreateUserBody,
    user_service: UserService = Depends(Provide[Container.user_service]),  ❷
    # user_service: UserService = Depends(Provide["user_service"]),  ❸
):
```

❶ 역시 `dependency-injector`를 사용한다는 것을 명시한다.

❷ `UserService`를 컨테이너에 넣었다면 이제 엔드포인트 함수에서 더 이상 기존 방식처럼 의존성을 주입받지 못한다. 따라서 `dependency-injector`로부터 주입받도록 수정해야 한다.

❸ 리터럴 문자열을 이용할 수도 있다. 이렇게 하는 이유는 컨테이너에 등록된 모듈이 서로를 주입해야 하는 경우 순환 참조가 발생하기 때문이다. 사실 리터럴을 사용한다고 해서 실질적으로는 순환 참조가 사라지지는 않기 때문에 SW 구조적으로 좋지 않다. 빌드 에러만 해결할 뿐이다. 따라서 그러할 경우 순환 참조가 일어나는 부분을 다른 모듈로 분리하고, 해당 모듈을 함께 사용하는 것이 좋다.

유저 서비스에서 이제 `Depends`를 사용하지 않아도 된다.

코드 4.8 user/application/user_service.py

```
class UserService:
    @inject
    def __init__(
        self,
        user_repo: IUserRepository,  ❶
    ):
        --생략--
```

❶ 컨테이너에서 직접 `user_repo` 팩토리를 선언해두었기 때문에 타입 선언만으로도 `UserService`가 생성될 때 팩토리를 수행한 객체가 주입된다.

유저 서비스에서 `Depends`를 사용할지 여부는 여러분이 판단할 일이다. 만약 FastAPI를 다른 프레임워크로 바꿀 일이 없다고 판단된다면 기존 구조로 가져가도 무방하다.

4.3 마무리

의존성 주입은 필요한 의존성을 직접 생성하지 않고 외부에서 전달받는 아키텍처다. 최근의 많은 웹 프레임워크는 의존성 주입을 지원하므로, 별다른 설정 없이 의존성 주입 기능을 활용할 수 있다.

FastAPI는 엔드포인트 함수에 `Depends` 함수를 이용해 의존성을 주입할 수 있다.

그 외의 모듈에서 의존성을 주입하려면 의존성 프레임워크를 구현한 라이브러리를 활용해야 한다. 이 책에서는 가장 많이 사용되는 `dependency-injector`를 이용했다.

다음 장에서는 다시 TIL 서비스의 요구 사항으로 돌아가서, 가입한 회원의 정보를 다루는 기능을 마무리한다.

회원 리소스의 CRUD 기능 완성

유저를 생성하는 기능을 만들었으니 이제 유저 정보를 조회, 수정, 삭제하는 기능을 추가해보자. 이 장을 모두 학습하고 나면 여러분은 어떤 리소스에 대한 CRUD 기능의 FastAPI 템플릿을 가지 게 될 것이다.

5.1 유저 메모 속성 추가

CRUD 기능을 완성하기 전에 유저가 가진 속성에 memo를 추가해보자. 웹 개발을 하다 보면 리소 스에 속성을 추가, 삭제하거나 속성이 가진 타입이나 길이 등을 변경하는 일이 드물지 않게 발생 한다. 유저 정보를 다루다 보면 내부의 시스템 관리자가 유저에 대한 정보를 남기고 싶을 때가 있 다. 예를 들어 고객 응대를 통해 유저에게 얻은 어떤 정보가 있는데 아직 시스템에 구조화돼 저장 되지 못하는 경우 메모에 추가하고 싶다고 하자.

먼저 User 도메인에 memo를 추가하고 User 도메인을 사용하는 곳을 찾아 모두 변경한다.

코드 5.1 **user/domain/user.py**

```
class User:
    id: str
    name: str
    email: str
    password: str
    memo: str | None
```

75

```
    created_at: datetime
    updated_at: datetime
```

코드 5.2 user/application/user_service.py

```python
def create_user(
        self,
        name: str,
        email: str,
        password: str,
        memo: str | None = None,
    ):
        --생략--
        user: User = User(
            id=self.ulid.generate(),
            name=name,
            email=email,
            password=self.crypto.encrypt(password),
            memo=memo,
            created_at=now,
            updated_at=now,
        )
--생략--
```

코드 5.3 user/infra/repository/user_repo.py

```python
--생략--
class UserRepository(IUserRepository):
    def save(self, user: UserVO):
        new_user = User(
            id=user.id,
            name=user.name,
            email=user.email,
            password=user.password,
            memo=user.memo,
            created_at=user.created_at,
            updated_at=user.updated_at,
        )
    --생략--
```

코드 5.4 user/infra/db_models/user.py

```python
from sqlalchemy import String, DateTime, Text
--생략--
class User(Base):
```

```
    __tablename__ = "User"

    id: Mapped[str] = mapped_column(String(36), primary_key=True)
    name: Mapped[str] = mapped_column(String(32), nullable=False)
    email: Mapped[str] = mapped_column(String(64), nullable=False, unique=True)
    password: Mapped[str] = mapped_column(String(64), nullable=False)
    memo: Mapped[str] = mapped_column(Text, nullable=True)
    created_at: Mapped[datetime] = mapped_column(DateTime, nullable=False)
    updated_at: Mapped[datetime] = mapped_column(DateTime, nullable=False)
```

메모는 없을 수도 있기 때문에 `NULL`을 허용하도록 했다. 또한 인터페이스 계층에서 유저로부터 `memo`를 전달받을 일은 없으니 애플리케이션 계층의 구현에 기본값을 `None`으로 할당했다. 유저 정보를 업데이트하는 기능은 내부 관리자용 `API`를 따로 만드는 것이 좋다.

데이터 모델이 변경되었으니, 마이그레이션이 필요하다. Alembic을 이용해 새로운 리비전 파일을 생성하자.

```
(fastapi-ca-py3.11) $ alembic revision --autogenerate -m "user - add memo"
INFO  [alembic.runtime.migration] Context impl MySQLImpl.
INFO  [alembic.runtime.migration] Will assume non-transactional DDL.
INFO  [alembic.autogenerate.compare] Detected added column 'User.memo'
  Generating /Users/dexter/src/fastapi-
ca/migrations/versions/2023_11_12_1115-982c154a8a36_user_add_memo.py ...   done
```

새로 생성된 리비전 파일의 `upgrade`, `downgrade` 함수를 살펴보니 `memo` 컬럼을 추가/삭제하는 코드가 잘 생성돼 있다.

코드 5.5 **2023_11_12_1115-982c154a8a36_user_add_memo.py**

```
def upgrade() -> None:
    # ### commands auto generated by Alembic - please adjust! ###
    op.add_column('User', sa.Column('memo', sa.Text(), nullable=True))
    # ### end Alembic commands ###

def downgrade() -> None:
    # ### commands auto generated by Alembic - please adjust! ###
    op.drop_column('User', 'memo')
    # ### end Alembic commands ###
```

이제 마이그레이션을 수행한다.

```
(fastapi-ca-py3.11) $ alembic upgrade head
INFO  [alembic.runtime.migration] Context impl MySQLImpl.
INFO  [alembic.runtime.migration] Will assume non-transactional DDL.
INFO  [alembic.runtime.migration] Running upgrade 382ab0927111 -> 982c154a8a36, user - add
memo
```

마이그레이션 헤드가 982c154a8a36로 변경됐다. `alembic_version` 테이블을 확인해보자.

```
mysql> SELECT * FROM alembic_version;
+--------------+
| version_num  |
+--------------+
| 982c154a8a36 |
+--------------+
```

User 테이블을 다시 확인하면 `memo` 컬럼이 `NULL`로 잘 추가돼 있다(지면상 `created_at`, `update_at`
필드는 생략했다).

```
mysql> SELECT * FROM User;
+-----------+--------+----------------------+-------------------------+------+--------+
| id        | name   | email                | password                | memo | (생략) |
+-----------+--------+----------------------+-------------------------+------+--------+
| 01HE(생략) | Dexter | dexter.haan@gmail.com | $2b$12$wKbEOc/GR(생략)   | NULL | (생략) |
+-----------+--------+----------------------+-------------------------+------+--------+
```

5.2 유저 정보 업데이트

유저 리소스에서 유저가 자신의 정보를 업데이트할 수 있는 속성은 `name`과 `password`다. 일반적으
로 이름을 갱신하는 것은 이상한 일이지만, TIL에서는 이름을 닉네임처럼 쓸 것이기 때문에 문제
가 되지 않는다. `email`은 유저가 로그인할 때 사용하는 값이기 때문에 유일한 값으로 변경할 수
없다고 가정하자.

다시 도메인 계층부터 차례로 구현해보자. 먼저 `IUserRepository`에 유저 ID로 유저를 검색하는
함수와 유저 리소스를 업데이트하는 함수를 선언한다. 유저 검색 함수가 필요한 이유는 업데이
트할 대상을 찾기 위해서다. 만약 데이터베이스에 해당 유저가 존재하지 않을 경우 에러를 일으
킨다.

코드 5.6 **user/domain/repository/user_repo.py**

```python
@abstractmethod
def find_by_id(self, id: str) -> User:
    raise NotImplementedError

@abstractmethod
def update(self, user: User):
    raise NotImplementedError
```

이제 애플리케이션 계층의 `UserService`에서 이 함수를 이용해 유저 정보를 업데이트하는 유스 케이스를 구현한다.

코드 5.7 **user/application/user_service.py**

```python
def update_user(
    self,
    user_id: str,
    name: str | None = None,
    password: str | None = None,
):
    user = self.user_repo.find_by_id(user_id)

    if name:     ❶
        user.name = name
    if password:     ❶
        user.password = self.crypto.encrypt(password)
    user.updated_at = datetime.now()

    self.user_repo.update(user)

    return user
```

❶ 이름 또는 패스워드 데이터가 전달되었을 때만 업데이트하도록 한다. 그렇지 않으면 의도치 않게 데이터가 삭제될 수 있다.

이제 `UserService`에서 제공하는 유저 정보 업데이트 함수를 호출하는 인터페이스 계층을 구현한다.

코드 5.8 **user/interface/controllers/user_controller.py**

```python
class UpdateUser(BaseModel):     ❶
    name: str | None = None
    password: str | None = None
```

```
@router.put("/{user_id}")
@inject
def update_user(
    user_id: str,  ❷
    user: UpdateUser,
    user_service: UserService = Depends(Provide[Container.user_service]),
):
    user = user_service.update_user(
        user_id=user_id,
        name=user.name,
        password=user.password,
    )

    return user
```

❶ 유저 정보 업데이트 라우터를 위한 새로운 파이단틱 모델을 만들었다. 이름과 패스워드 중 업데이트하고자 하는 것만 전달할 수 있도록 None을 허용하도록 했다.

❷ FastAPI는 경로 매개변수를 라우터 함수로 알아서 전달해준다.

남은 구현은 인프라 계층의 UserRepository에서 유저 ID로 해당 유저를 검색하고, 유저 정보를 데이터베이스에 업데이트하는 함수의 구현체를 만드는 일이다.

코드 5.9 **user/infra/repository/user_repo.py**

```
def find_by_id(self, id: str):
    with SessionLocal() as db:
        user = db.query(User).filter(User.id == id).first()

    if not user:
        raise HTTPException(status_code=422)

    return UserVO(**row_to_dict(user))

def update(self, user_vo: UserVO):
    with SessionLocal() as db:
        user = db.query(User).filter(User.id == user_vo.id).first()

        if not user:
            raise HTTPException(status_code=422)

        user.name = user_vo.name
        user.password = user_vo.password
```

```
        db.add(user)
        db.commit()

    return user
```

해당 유저를 찾는 과정과 업데이트하는 과정 모두 예외 처리가 돼 있다. 따라서 불필요하게 데이터베이스를 조회하게 돼 성능에 문제가 생기지 않을까 생각할 수 있다. 현재의 구현에서는 `update_user` 함수 내에서 같은 예외 처리를 할 필요는 없지만, 이 함수를 잘못 호출할 가능성은 얼마든지 존재한다. 따라서 중복 구현이라 할지라도 이처럼 예외를 대비하는 것이 좋다고 생각한다.

이제 이름을 업데이트하는 테스트를 수행해보자. 참고로 확장자가 .py 파일이 있는 모든 디렉터리에 __init__.py 파일을 생성해줘야 한다.

```
$ curl -X 'PUT' \
  'http://localhost:8000/users/01HEYABEPHWXTMWWK2FV2P2V5D' \
  -H 'accept: application/json' \
  -H 'Content-Type: application/json' \
  -d '{
    "name": "Dexter NEW"
  }'

{
  "id": "01HEYABEPHWXTMWWK2FV2P2V5D",
  "name": "Dexter NEW",
  "email": "dexter.haan@gmail.com1",
  "password": "$2b$12$wKbEOc/GR1Gv8rMpzvoWXuP.lB1FP9YK9IsTXRj9hHtnfZg8Afjh6",
  "memo": null,
  "created_at": "2023-11-11T13:31:00",
  "updated_at": "2023-11-15T08:05:47.202301"
}
```

데이터베이스를 조회해서 확인해보면 업데이트가 잘 동작한 것을 확인할 수 있다(지면상 `created_at`, `update_at` 필드는 생략했다).

```
mysql> SELECT * FROM User;
+-----------+-----------+--------------------------+---------------------------+------+--------+
| id        | name      | email                    | password                  | memo | (생략) |
+-----------+-----------+--------------------------+---------------------------+------+--------+
| 01HE(생략) | Dexter NEW | dexter.haan@gmail.com1   | $2b$12$wKbEOc/GR(생략)    | NULL | (생략) |
+-----------+-----------+--------------------------+---------------------------+------+--------+
```

5.3 유저 목록 조회

이제 데이터베이스에 저장된 유저들을 조회하는 기능을 구현해본다. 일반적으로 목록 조회를 구현할 때는 성능상의 이슈로 인해 페이징을 적용한다. 일단 전체 유저의 목록을 가져오는 기능을 구현하고 페이징을 추가하자.

5.3.1 테스트용 유저 데이터 생성

목록 조회를 테스트하기 위해 테스트용 데이터를 먼저 생성한다. SQL 쿼리를 작성해 실행하거나 데이터베이스 GUI 프로그램을 이용해도 되지만, 파이썬 인터랙티브 모드를 이용하면 손쉽게 생성할 수 있다. 터미널에서 다음과 같이 명령어를 수행하자. 참고로 가상 환경이 실행된 상태이어야 한다.

```
(fastapi-ca-py3.11) $ python
>>> from database import SessionLocal
>>> from user.infra.db_models.user import User
>>> from datetime import datetime
>>> from utils.crypto import Crypto
>>>
>>> with SessionLocal() as db:
...     for i in range(50):
...         user = User(
...             id=f"UserID-{str(i).zfill(2)}",
...             name=f"TestUser{i}",
...             email=f"test-user{i}@test.com",
...             password=crypto.encrypt("test"),
...             memo=None,
...             created_at=datetime.now(),
...             updated_at=datetime.now(),
...         )
...         db.add(user)
...     db.commit()
...
>>>
```

5.3.2 유저 목록 조회

먼저 도메인 계층의 IUserRepository에 유저 목록 조회를 위한 인터페이스를 선언해야 한다.

코드 5.10 **user/domain/repository/user_repo.py**

```
@abstractmethod
def get_users(self) -> list[User]:
    raise NotImplementedError
```

앞에서의 구현과는 달리 `get_users` 함수에 반환값을 명시했다. 함수 반환값에도 타입 힌팅을 적용하는 습관을 들이면 `mypy`와 같은 정적 분석기가 오류를 검사하는 데 도움이 된다.

이제 애플리케이션 계층으로 넘어가자.

코드 5.11 **user/application/user_service.py**

```
def get_users(self) -> list[User]:
    return self.user_repo.get_users()
```

정말 간단하다! 인터페이스 계층에서 이 함수를 호출하면 된다.

코드 5.12 **user/interface/controllers/user_controller.py**

```
@router.get("")
@inject
def get_users(
    user_service: UserService = Depends(Provide[Container.user_service]),
):
    users = user_service.get_users()

    return {
        "users": users,
    }
```

다음으로 인프라 계층의 `UserRepository`에서 데이터를 조회한다. 점점 클린 아키텍처로 시스템을 만들어가는 데 익숙해지고 있는가?

코드 5.13 **user/infra/repository/user_repo.py**

```
def get_users(self) -> list[UserVO]:
    with SessionLocal() as db:
        users = db.query(User).all()

    return [UserVO(**row_to_dict(user)) for user in users]
```

5.3.3 페이징

페이징paging 또는 **페이지네이션**pagination이라고 하는 기술은 대량의 데이터를 여러 페이지로 나누어 표시하는 것을 말한다. 게시물을 '이전 1 2 3 (…) 10 다음'과 같은 버튼으로 표시하거나, 인스타그램과 같이 화면을 아래로 스크롤하면 더 많은 게시물이 로딩되도록 할 때 사용한다.

그림 5-1 **제이펍 홈페이지(티스토리)에 적용된 페이징**

페이징을 적용하면 다음과 같은 이점이 있다.

- **사용자 경험 개선**

  대량의 데이터를 한 번에 표시하는 것은 사용자에게 혼란을 줄 수 있다. 페이지 단위로 데이터를 나눠서 보여주면 사용자는 필요한 정보를 빠르게 찾을 수 있다.

- **로딩 시간 감소**

  앞선 구현과 같이 모든 데이터를 한 번에 로딩하는 것은 성능 문제를 유발한다. 페이지 단위로 나눠서 필요한 데이터만 로딩하면 초기 페이지 로딩 속도를 향상할 수 있다.

- **서버 리소스 절약**

  대량의 데이터를 한 번에 처리하는 것은 서버에 부담을 준다. 페이지 단위로 나누어 처리하면 서버 리소스를 효율적으로 사용할 수 있다.

이제 유저 목록 조회 기능에 페이징을 적용해보자.

코드 5.14 **user/domain/repository/user_repo.py**

```
@abstractmethod
def get_users(self, page: int, items_per_page: int)  ❶
    -> tuple[int, list[User]]:  ❷
    raise NotImplementedError
```

❶ 페이징을 적용하려면 현재의 페이지가 몇 번째 페이지인지, 한 화면에 몇 개의 아이템을 보여줄지를 알아야 한다.

❷ 반환값의 타입을 튜플로 수정했다. 튜플의 첫 번째 값은 페이징을 적용하지 않았을 때의 전체 데이터 개수다. API 사용자(주로 클라이언트)는 이를 알아야 화면에 전체 아이템의 개수를 표시한다거나 마지막 페이지 번호를 표시하는 등의 작업을 할 수 있다. 튜플의 첫 번째 값은 조회한 페이지의 아이템 목록이다.

마찬가지로 `UserService`도 수정한다. 별로 어려울 게 없다.

코드 5.15 **user/application/user_service.py**

```
def get_users(self, page: int, items_per_page: int) -> tuple[int, list[User]]:
    users = self.user_repo.get_users(page, items_per_page)

    return users
```

이제 컨트롤러를 수정할 차례다. 아래 계층으로 전달할 `page`와 `items_per_page`는 API 사용자로부터 전달받아야 한다. 또한 우리는 이 변수를 쿼리 매개변수로 받고자 한다. FastAPI는 쿼리 매개변수를 받을 때 단순히 라우터의 인수로 추가하는 것만으로도 가능하다!

```python
@router.get("")
@inject
def get_users(
    page: int = 1,  ❶
    items_per_page: int = 10,  ❶
    user_service: UserService = Depends(Provide[Container.user_service]),
):
    total_count, users = user_service.get_users(page, items_per_page)

    return {  ❷
        "total_count": total_count,
        "page": page,
        "users": users,
    }
```

❶ 조회하고자 하는 페이지, 페이지당 아이템 개수를 쿼리 매개변수로 추가했다.

❷ 응답에 전체 개수와 현재 페이지, 그리고 페이징된 결과를 반환한다.

다음은 인프라 계층에 있는 `UserRepository`에 페이징 기능을 넣을 차례다.

코드 5.17 user/infra/repository/user_repo.py

```python
def get_users(
        self,
        page: int = 1,
        items_per_page: int = 10,
) -> tuple[int, list[UserVO]]:
    with SessionLocal() as db:
        query = db.query(User)
        total_count = query.count()  ❶

        offset = (page - 1) * items_per_page  ❷
        users = query.limit(items_per_page).offset(offset).all()  ❸

    return total_count, [UserVO(**row_to_dict(user)) for user in users]
```

❶ 전체 개수를 구한다.

❷ 쿼리문에서 `offset`, 즉 몇 개의 데이터를 건너뛸지를 계산한다.

❸ `limit`으로 페이지에 표시할 만큼만 조회한다.

현재로서는 따로 필터가 필요 없다. 앞서 구현한 `find_by_id`, `find_by_email`는 하나의 필터만 가지는 함수다. 하지만 여러 필터를 구조화해서 다루고자 한다면 `get_users` 함수의 인수로 필터를 받는 기능을 추가할 수도 있다.

이제 페이징이 잘 동작하는지 확인해보자. 다음은 페이지당 표시할 개수가 3개일 때 2번째 페이지를 조회한 결과이다.

```
$ curl -X 'GET' \
  'http://localhost:8000/users?page=2&items_per_page=3'

{
  "total_count": 51,
  "page": 2,
  "users": [
    {
      "id": "UserID-03",
      "name": "TestUser3",
      "email": "test-user3@test.com",
      "password": "test",
      "memo": null,
      "created_at": "2023-11-13T22:30:10",
      "updated_at": "2023-11-13T22:30:10"
    },
    {
      "id": "UserID-04",
      "name": "TestUser4",
      "email": "test-user4@test.com",
      "password": "test",
      "memo": null,
      "created_at": "2023-11-13T22:30:10",
      "updated_at": "2023-11-13T22:30:10"
    },
    {
      "id": "UserID-05",
      "name": "TestUser5",
      "email": "test-user5@test.com",
      "password": "test",
      "memo": null,
      "created_at": "2023-11-13T22:30:10",
      "updated_at": "2023-11-13T22:30:10"
    }
  ]
}
```

첫 세 개의 아이템 이후 테스트용으로 생성한 3개의 유저가 잘 조회되는 것을 확인할 수 있다.

5.4 회원 탈퇴(유저 삭제)

회원 탈퇴가 이루어지면 유저 정보를 삭제해야 한다. 서비스마다 회원 리소스 삭제에 대한 정책은 다를 수 있다. 개인 정보 보호를 위해 민감한 데이터만 삭제하고, 유저 ID와 생성 및 업데이트 시 각을 제외한 다른 속성은 암호화해서 별도의 테이블로 옮겨둘 수도 있다. 지금은 일단 리소스를 삭제하는 것으로 한다. 하지만 유저 리소스만 삭제하면 유저가 생성한 다른 데이터(예를 들어 게시물)는 주인이 없는 데이터가 된다. 이 데이터도 찾아서 모두 지우는 작업이 필요할 것이다.

역시 도메인 영역부터 시작한다. 저장소의 삭제 인터페이스가 필요하다. 인수는 `id`만 있어도 충분하다.

코드 5.18 **user/domain/repository/user_repo.py**

```python
@abstractmethod
def delete(self, id: str):
    raise NotImplementedError
```

애플리케이션 계층에도 삭제 함수를 추가한다. 역시 간단하다.

코드 5.19 **user/application/user_service.py**

```python
def delete_user(self, user_id: str):
    self.user_repo.delete(user_id)
```

이제 인프라 계층에서 데이터베이스에 있는 유저 리소스를 삭제한다.

코드 5.20 **user/infra/repository/user_repo.py**

```python
def delete(self, id: str):
    with SessionLocal() as db:
        user = db.query(User).filter(User.id == id).first()

        if not user:
            raise HTTPException(status_code=422)

        db.delete(user)
        db.commit()
```

마지막으로 인터페이스 계층을 구현한다.

코드 5.21 **user/interface/controllers/user_controller.py**

```python
@router.delete("", status_code=204)
@inject
def delete_user(
    user_id: str,
    user_service: UserService = Depends(Provide[Container.user_service]),
):
    # TODO: 다른 유저를 삭제할 수 없도록 토큰에서 유저 아이디를 구한다.

    user_service.delete_user(user_id)
```

HTTP DELETE 메서드의 응답 코드를 204로 지정했다. MDN 문서에 따르면 **HTTP 상태 코드 204**[1]는 다음과 같다.

204 No Content

HTTP 204 No Content 성공 상태 응답 코드는 요청이 성공했으나 클라이언트가 현재 페이지에서 벗어나지 않아도 된다는 것을 나타냅니다.

예를 들어, 위키 사이트에 "저장 후 편집 계속" 기능을 구현할 때 사용할 수 있습니다. 이 경우 PUT 요청을 사용해 페이지를 저장하고 204 No Content 응답을 전송해 편집기를 다른 페이지로 대체해서는 안 된다는 것을 나타냅니다.

204 응답은 기본적으로 캐시 가능하며, 캐시에서 가져온 응답인 경우 ETag 헤더를 포함합니다.

위 설명에 `DELETE`에 대한 내용은 없지만 일반적으로 DELETE 요청에 대한 응답 코드를 204로 한다. 리소스 삭제 요청은 응답으로 아무것도 보낼 데이터가 없다. `{"message": "success"}`와 같은 응답을 보내는 경우도 있는데 성공, 실패에 대한 판단은 HTTP 상태 코드로도 충분하다. 필자는 이와 같은 관습이 불필요하다고 생각한다. 만약 상태 코드를 지정하지 않으면 200 OK 응답이 나가는데 이때는 응답 본문이 `null`이 된다.

현재 함수의 구현은 요청을 보내는 누구나 유저의 ID만 알고 있으면 유저 리소스를 삭제할 수 있다. 이 문제는 주석으로 남겨두고 이후의 장에서 JWT를 이용해 인증/인가를 배우고 나서 개선한다. 유저는 자신의 리소스만 삭제할 수 있어야 한다.

유저 삭제 API를 테스트해보자. 앞에서 테스트용으로 만든 유저를 다음 명령어로 삭제한다.

---

[1] https://developer.mozilla.org/ko/docs/Web/HTTP/Status/204

```
$ curl -X 'DELETE' 'http://localhost:8000/users?user_id=UserID-02'
```

유저 목록을 다시 조회하면 유저 ID가 `UserID-02`인 유저가 삭제되었음을 알 수 있다.

```
$ curl -X 'GET' \
  'http://localhost:8000/users?page=2&items_per_page=3'

{
  "total_count": 50,
  "page": 2,
  "users": [
    {
      "id": "UserID-03",
      "name": "TestUser3",
      "email": "test-user3@test.com",
      "password": "test",
      "memo": null,
      "created_at": "2023-11-13T22:30:10",
      "updated_at": "2023-11-13T22:30:10"
    },
    {
      "id": "UserID-04",
      "name": "TestUser4",
      "email": "test-user4@test.com",
      "password": "test",
      "memo": null,
      "created_at": "2023-11-13T22:30:10",
      "updated_at": "2023-11-13T22:30:10"
    },
    {
      "id": "UserID-05",
      "name": "TestUser5",
      "email": "test-user5@test.com",
      "password": "test",
      "memo": null,
      "created_at": "2023-11-13T22:30:10",
      "updated_at": "2023-11-13T22:30:10"
    }
  ]
}
```

5.5 파이단틱 유효성 검사

이 절에서는 컨트롤러가 존재하는 인터페이스 계층의 구현에 대해 더 자세히 살펴본다. 다시 한번 이야기하지만, 인터페이스 계층은 외부와 소통하는 역할을 한다. 외부에서 전달된 데이터를 내부에서 사용하는 형식으로 가공해 전달하고, 처리 결과를 다시 가공해 외부로 내보낸다.

5.5.1 요청 매개변수/본문 검사

파이단틱 라이브러리는 다양한 곳에 사용할 수 있다. 특히 컨트롤러의 주요 역할, 즉 데이터 유효성 검사와 가공에 적합하다. 그리고 FastAPI는 파이단틱의 모든 기능을 활용할 수 있다. 파이단틱의 장점은 다음과 같다.

- **골치 아플 일이 없다.**
  - 새로 스키마 정의 언어를 배우지 않아도 된다.
  - 파이썬 타입 힌트를 알고 있다면 파이단틱을 사용하는 방법을 아는 것이다.

- **IDE, 린터[2] 그리고 여러분의 뇌에 잘 어울린다.**
  - 파이단틱 데이터 구조는 우리가 정의하는 클래스의 인스턴스일 뿐이다. 따라서 자동 완성, 린팅, Mypy, 그리고 여러분의 직관은 모두 다 검증된 데이터로 원활하게 작동해야 한다.

- **복잡한 구조에 대해 유효성 검사가 가능하다.**
  - 파이단틱 모델을 계층적으로 사용할 수 있고, 파이썬 `typing` 모듈에 있는 `List` 및 `Dict` 등을 이용한다.
  - 유효성 검사기를 사용해 복잡한 데이터 스키마를 명확하게 정의하고 확인하며 JSON 스키마로 문서화할 수 있다.
  - 깊게 중첩된 JSON 객체를 유효성 검사하고 애너테이션을 활용할 수 있다.

- **확장성**
  - 파이단틱을 이용하면 사용자 정의 데이터 타입을 정의할 수 있고, `validator` 데커레이터가 달린 모델의 메서드를 이용해 유효성 검사를 확장할 수 있다.

---

2   소프트웨어 코드에서 잠재적인 오류나 스타일 가이드를 찾아내고 보고하는 도구. 주로 소스 코드의 품질을 향상하고 일관된 코딩 스타일을 유지하기 위해 사용된다. 린터는 코드를 실행하지 않고도 코드의 특정 부분을 분석해 문제점을 발견하고 경고를 제공한다.

- 테스트 커버리지가 100%다.

유저 생성 API를 다시 살펴보자.

코드 5.22 user/interface/controllers/user_controller.py

```python
class CreateUserBody(BaseModel):
    name: str
    email: str
    password: str


@router.post("", status_code=201, response_model=UserResponse)
@inject
def create_user(
    user: CreateUserBody,
    user_service: UserService = Depends(Provide[Container.user_service]),
):
    --생략--
```

전달받는 유저 데이터에 age: int가 추가됐고 하자. 이때 요청 본문에 age: "21"과같이 정수형 값이 아니라 숫자로 이루어진 문자열을 전달한다면 파이단틱은 적당한 타입으로(문자열을 숫자로) 변환한다.

파이단틱은 또 여러 가지 유효성 검사 기능을 가지고 있다. name, email, password는 모두 문자열이다. 하지만 길이에 제약이 없다. 만약 매우 긴 문자열이 전달되면, 결국 데이터는 모든 계층을 거치며 전달되고, 데이터베이스에 저장할 때가 돼야 문제를 일으킨다. 이름을 32자보다 길게 해보라. 서버는 500 에러를 일으킨다. 인터페이스 계층으로 데이터가 전달되었을 때 유효한 데이터인지 검사하는 게 훨씬 낫다. 또 email 값에 이메일 형식이 아닌 문자열이 전달될 수도 있다.

파이단틱 모델을 다음과 같이 수정한다.

코드 5.23 user/interface/controllers/user_controller.py

```python
from pydantic import BaseModel, EmailStr, Field
--생략--

class CreateUserBody(BaseModel):
    name: str = Field(min_length=2, max_length=32)
    email: EmailStr = Field(max_length=64)
    password: str = Field(min_length=8, max_length=32)


@router.post("", status_code=201)
```

```
def create_user(
    user: CreateUserBody,
    user_service: UserService = Depends(Provide[Container.user_service]),
):
    --생략--
```

모두 파이단틱 필드(`Field`)로 변환했다. 또한 모든 문자열은 길이 제한을 가지게 됐다. 최댓값이 반드시 데이터베이스의 문자형 컬럼의 길이와 같을 필요는 없다.

`email`의 타입은 `EmailStr`이다. 이렇게 타입선언만 하는 것으로 이메일 형식을 검증할 수 있다. `EmailStr`은 기본 파이썬이 지원하지 않는, 파이단틱에서 지원하는 타입이므로 패키지를 추가해야 한다.

```
(fastapi-ca-py3.11) $ poetry add "pydantic[email]"
```

파이단틱은 이 밖에도 유용한 데이터 타입을 많이 가지고 있다. 공식 문서[3]를 참고하자.

이제 데이터를 유효성 검사가 잘 동작하는지 테스트하면 400 에러와 함께 에러 메시지가 잘 출력되는 것을 확인할 수 있다.

```
$ curl -X 'POST' \
  'http://localhost:8000/users' \
  -H 'Content-Type: application/json' \
  -d '{
  "name": "김수한무 거북이와 두루미 삼천갑자 동방삭 치치카포 사리사리센타 워리워리 세브리깡
무두셀라 구름이 허리케인에 담벼락",
  "email": "normal_string",
  "password": "짧은 비번"
}'

[
  {
    "type": "string_too_long",
    "loc": [
      "body",
      "name"
    ],
    "msg": "String should have at most 32 characters",
```

---

3 https://docs.pydantic.dev/latest/api/types/

```
    "input": "김수한무 거북이와 두루미 삼천갑자 동방삭 치치카포 사리사리센타 워리워리 세브
리깡 무두셀라 구름이 허리케인에 담벼락",
    "ctx": {
      "max_length": 32
    },
    "url": "https://errors.pydantic.dev/2.5/v/string_too_long"
  },
  {
    "type": "value_error",
    "loc": [
      "body",
      "email"
    ],
    "msg": "value is not a valid email address: The email address is not valid. It must
have exactly one @-sign.",
    "input": "normal_string",
    "ctx": {
      "reason": "The email address is not valid. It must have exactly one @-sign."
    }
  },
  {
    "type": "string_too_short",
    "loc": [
      "body",
      "password"
    ],
    "msg": "String should have at least 8 characters",
    "input": "짧은 비번",
    "ctx": {
      "min_length": 8
    },
    "url": "https://errors.pydantic.dev/2.5/v/string_too_short"
  }
]
```

자동으로 생성된 API 문서(http://localhost:8000/docs)를 다시 열어보면, OpenAPI 스키마에도 잘 반영돼 있다. 만세! API 문서를 만들기 위해 코드에 OpenAPI 스펙을 기술하는 고통이 사라졌다!

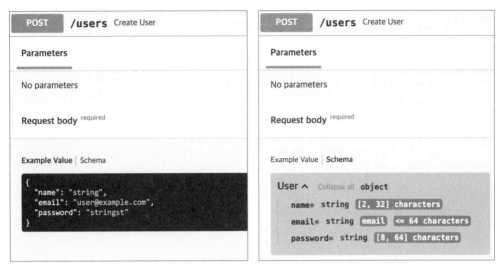

그림 5-2 자동 생성된 API 요청(좌)과 API 요청 스키마(우)

유저 업데이트 API의 파이단틱 모델도 수정한다.

코드 5.24 user/interface/controllers/user_controller.py

```python
class UpdateUser(BaseModel):
    name: str | None = Field(min_length=2, max_length=32, default=None)
    password: str | None = Field(min_length=8, max_length=32, default=None)
```

name과 password는 전달되지 않을 수도 있기 때문에 default 속성으로 None을 지정해주어야 한다.

5.5.2 파이단틱 응답 모델

파이단틱을 활용하면 API 응답 모델을 정의할 수 있다. 즉, 응답에도 유효성 검사를 적용해 데이터 타입을 제한하거나 길이 제한을 검사하는 등의 동작을 수행할 수 있다.

현재 유저 리소스를 응답하는 API는 모두 유저 테이블 모델의 모든 정보를 그대로 내보내고 있다.

```
{
    "id": "01HFY4M7PH45YYGQ7HEKGCXK11",
    "name": "Dexter",
    "email": "dexter.haan@gmail.com",
    "password": "$2b$12$xrLJH2JNZ8YIqY6QV9DJwOifz5VVFUdZvjmvrEJNMMYi/e3xxfLku",
    "memo": null,
    "created_at": "2023-11-23T22:06:37.905527",
    "updated_at": "2023-11-23T22:06:37.905527"
}
```

하지만 password와 같은 민감한 정보는 불필요하게 응답에 포함시켜서는 안 된다. memo 역시 내부 어드민이 요청한 경우가 아니라면 응답에 포함돼서는 안 된다. 이를 제외한 속성만 응답에 포함하도록 개선해보자.

먼저 응답 모델을 정의한다.

코드 5.25 **user/interface/controllers/user_controller.py**

```
from datetime import datetime
--생략--

class UserResponse(BaseModel):
    id: str
    name: str
    email: str
    created_at: datetime
    updated_at: datetime
```

응답 모델에 패스워드를 포함하지 않도록 주의하자. 이 응답 모델을 엔드포인트 함수의 리턴타입으로 정의하거나, 데커레이터(예를 들어 @router.post())의 response_model 인수로 전달하면 된다.

```
@router.post("", status_code=201)
def create_user(생략) -> UserResponse:
```

또는 다음과 같이 작성한다.

```
@router.post("", status_code=201, response_model=UserResponse)
def create_user(생략):
```

자동 생성되는 API 문서에서 응답 스키마를 생성해준다.

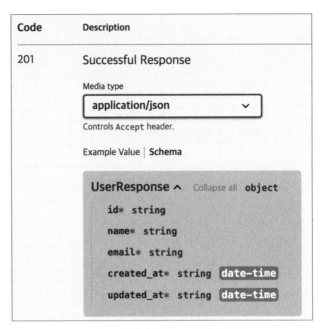

그림 5-3 **자동 생성된 API 응답 스키마**

유저 정보 업데이트 API 역시 마찬가지로 적용하면 된다.

유저 목록 조회 API는 파이단틱 모델을 중첩해 선언할 수 있다.

코드 5.26 **user/interface/controllers/user_controller.py**

```python
class GetUsersResponse(BaseModel):
    total_count: int
    page: int
    users: list[UserResponse]


@router.get("")
def get_users(생략) -> GetUsersResponse:
    --생략--
```

5.6 마무리

이 장에서는 FastAPI를 이용해 회원 리소스를 생성, 조회, 수정, 삭제하는 API를 완성했다. 이 템플릿을 잘 활용하면 앞으로 다른 리소스를 다룰 때 참고해 생산성을 높일 수 있을 것이다. 또, 스탈렛과 함께 FastAPI의 핵심 요소인 파이단틱을 활용하는 방법을 살펴보았다. 파이단틱을 이용해 인터페이스 계층에서 요청 데이터의 유효성을 검사하고, 응답에 불필요한 데이터가 포함되지 않도록 했다.

다음 장에서는 FastAPI에서 활용할 수 있는 비동기 프로그래밍에 대해 알아본다.

CHAPTER

6

비동기 프로그래밍

FastAPI는 비동기 프로그래밍을 효율적으로 처리한다. 파이썬의 `asyncio` 패키지를 기반으로 하므로 FastAPI는 `async`, `await` 문법을 사용해 비동기 코드를 작성할 수 있다. 또한 비동기 처리를 지원하는 라이브러리들과도 잘 작동한다. 이를 통해 여러 요청을 동시에 처리하고, I/O 작업을 비동기적으로 수행함으로써 서버의 확장성과 성능을 향상시킬 수 있다. HTTP 요청과 응답 처리에서도 비동기 프로그래밍을 활용할 수 있다. 높은 성능과 동시성을 갖춘 FastAPI는 요청이 많은 대규모 서비스에 적합하다고 할 수 있다.

이 장에서는 파이썬에서 일반적으로 동시성을 처리하는 방법을 먼저 알아보고, FastAPI에서 동시성을 처리하기 위한 방법의 하나인 비동기 처리를 수행하는 예를 살펴본다. 물론 다른 방법도 얼마든지 적용할 수 있다.

6.1 파이썬에서 동시성을 처리하는 방법

파이썬에서 **동시성(병행성)**concurrency을 처리하는 방법은 여러 가지가 있다. 주로 사용되는 방법은 다음과 같다.[1]

---

1 《전문가를 위한 파이썬 프로그래밍》의 6장 '동시성'을 참고하자.

- **멀티스레딩**multithreading

  부모 프로세스의 메모리 콘텍스트를 공유해 여러 스레드를 실행한다. 가장 잘 알려져 있고 오래된 동시성 모델이며, **입출력**input/output. I/O이 많이 수행되거나 사용자 인터페이스 응답성을 유지해야 하는 애플리케이션에서 효과적으로 작동한다. 매우 경량이지만 사용 시 많은 주의가 필요하고, 메모리 안전에 위험성이 높다.

  멀티스레딩은 `threading` 모듈을 사용해 스레드를 생성하고 관리할 수 있다. 각 스레드는 독립적으로 실행되며, 여러 작업을 동시에 처리할 수 있다. 그러나 **GIL**global interpreter lock[2]로 인해 CPU를 주로 사용하는 작업에서는 실제로 동시성 향상이 일어나지 않을 수 있다.

- **멀티프로세싱**multiprocessing

  여러 작업task을 여러 독립된 프로세스에서 실행해 분산된 환경에서 작동하도록 한다. 동작 자체는 멀티스레딩과 유사하지만, 공유 메모리 콘텍스트에 의존하지 않는다. 파이썬의 특성상 CPU를 많이 사용하는 애플리케이션에 더 적합하다. 멀티스레딩보다 무거우며 프로세스간 통신 패턴을 구현해 프로세스들이 조화롭게 동작하도록 해야 한다.

  멀티프로세싱은 `multiprocessing` 모듈을 사용해 구현할 수 있다.

- **비동기 프로그래밍**asynchronous programming

  여러 협력적 작업을 단일 애플리케이션 프로세스에서 실행한다. 협력적 작업들은 스레드처럼 동작하지만 작업 전환은 운영체제 커널이 아니라 애플리케이션이 스스로 담당한다. I/O가 많은 애플리케이션, 특히 동시다발적인 네트워크 연결을 다루는 프로그램에 적합하다. 비동기 프로그래밍의 단점은 전용 비동기 라이브러리를 사용해야 한다는 점이다.

  파이썬에서 비동기 프로그래밍은 `asyncio` 라이브러리를 사용해 처리할 수 있다. `async/await` 키워드를 사용해 비동기 함수를 정의하고, 이벤트 루프를 통해 비동기 코드를 실행한다.

이 방법들은 각각의 장단점이 있기 때문에, 사용하는 상황에 따라 적합한 방법을 선택하는 것이 중요하다. 일반적으로 I/O 바운드 작업에는 비동기 프로그래밍이 유용하고, CPU 바운드 작업에는 스레드나 멀티프로세싱을 활용하는 것이 효과적이다.

동시성은 각 작업이 서로의 처리 순서나 결과에 영향을 미치지 않는 것을 의미한다. 이에 비해 **병렬성**parallelism은 여러 작업들을 병렬로 처리하는 것을 말한다. 따라서 동시성을 가지는 작업을 병

---

2   GIL은 파이썬 인터프리터가 동시에 여러 스레드를 실행하지 못하게 하는 제한 메커니즘으로, C 언어 확장 모듈들과의 안전성을 보장한다.

렬처리 하면 작업 시간이 단축되고 처리 성능이 향상된다. 많은 개발자들이 병렬처리를 동시성과 동일하게 생각한다. 하지만 이는 다른 개념이다.

이에 대해 공식 문서[3]에 재미있게 소개한 예가 있다. 햄버거 가게에는 주문을 받는 캐셔가 있다. 이 캐셔는 주문을 처리하는 데 능숙하기 때문에 매우 빠른 속도로 주문을 처리한다. 따라서 동시 처리가 필요 없다. 하지만 주방에서 음식을 만드는 직원들은 여러 개의 주문이 들어왔을 때 햄버거를 만드는 일을 여럿이서 동시에 처리한다. 그래서 주문자는 주문을 마치고 번호표를 들고 식탁으로 돌아가서 햄버거를 기다리면서 다른 일(연인과의 꽁냥꽁냥)을 할 수 있다. 가끔씩 주문한 햄버거나 나왔는지 확인하면서 이야기를 할 수도 있고, 햄버거가 나왔지만 이야기를 끊지 말고 이어갈 수도 있다. 주문자를 어떤 시스템이나 애플리케이션이라 생각하면, 한 작업을 마냥 기다리지 않고 다른 작업을 할 수 있다.

이에 비해 캐셔는 여러 명이지만 주문자에게 번호표를 나눠주지 않고 주문대에서 햄버거가 나올 때까지 기다려야 한다고 하자. 주문을 받고, 음식을 만드는 일은 병렬로 진행된다. 하지만 주문자는 소중한 시간을 음식이 나올 때까지 기다리는 데에 허비한다(주문을 기다리느라 꽁냥거릴 시간이 없다). 병렬처리를 한다고 해서 반드시 효율적이지만은 않다는 뜻이다.

파이썬에서 병렬처리는 `concurrent.futures` 모듈을 사용해 처리할 수 있다. `ThreadPoolExecutor`나 `ProcessPoolExecutor`를 사용해 스레드나 프로세스 풀을 만들고, 작업들을 병렬로 실행할 수 있다.

6.2 FastAPI의 비동기 처리

`async`, `await`는 파이썬 3.5에 도입됐다. 자바스크립트나 Node.js에 익숙한 독자라면 이 키워드와 이벤트 루프의 동작 방식에 대해 익숙할 것이다. 파이썬도 마찬가지로 같은 키워드로 비동기 코드를 작성하고, `asyncio` 패키지를 이용해 손쉽게 이벤트 루프를 제어할 수 있다.

FastAPI에서 **비동기 처리**를 수행하는 예를 보기 전에, 먼저 순차적(동기식)으로 동작하는 예를 보자.

---

3   https://fastapi.tiangolo.com/async/#concurrent-burgers

코드 6.1 **example/ch06_02/sync_ex.py**

```python
from datetime import datetime
import time

from fastapi import APIRouter

router = APIRouter(prefix="/sync-test")

def sync_task(num):    ❶
    print("sync_task: ", num)
    time.sleep(1)    ❷
    return num

@router.get("")
def sync_example():
    now = datetime.now()
    results = [sync_task(1), sync_task(2), sync_task(3)]    ❸
    print(datetime.now() - now)    ❹

    return {"results": results}
```

❶ 동기식으로 동작하는 작업을 정의했다.

❷ 작업에 걸리는 시간을 가상으로 테스트하기 위해 `time.sleep`을 사용했다.

❸ 3개의 작업을 수행하고 결과를 모은다. 이는 당연하게도 순차적으로 수행된다.

❹ 작업이 수행되는 시간을 측정한다.

작성한 예제 코드의 라우터를 메인 함수에 추가한다.

코드 6.2 **main.py**

```python
from example.ch06_02.sync_ex import router as sync_ex_routers
--생략--
app = FastAPI()
--생략--
app.include_router(sync_ex_routers)
--생략--
```

다음 명령어를 실행해 확인해보자.

```
$ curl http://localhost:8000/sync-test
```

/sync-test 엔드포인트로 요청을 보내면 약 3초가 걸린다. 1초가 소요되는 작업 3개를 순차적으로 수행했으니 당연한 일이다.

이제 FastAPI에서 비동기 처리를 수행하는 간단한 예를 들어보자.

코드 6.3 **example/ch06_02/async_ex.py**

```python
import asyncio
from datetime import datetime
from fastapi import APIRouter

router = APIRouter(prefix="/async-test")

async def async_task(num):    ❶
    print("async_task: ", num)
    await asyncio.sleep(1)    ❷
    return num

@router.get("")    ❸
async def async_example():
    now = datetime.now()
    results = await asyncio.gather(    ❹
        async_task(1), async_task(2), async_task(3)
    )
    print(datetime.now() - now)    ❺

    return {"results": results}
```

❶ 역시 작업을 수행하는 데 1초가 소요되는 작업을 정의했다. 비동기 처리를 위해 async 키워드가 필요하다.

❷ asyncio.sleep함수를 이용해 비동기 작업이 1초를 대기하도록 했다.

❸ 비동기 처리가 가능한 API를 만들기 위해 엔드포인트 함수에도 async가 필요하다. async/await 구문을 사용하는 함수는 그 함수 역시 async def로 선언해야 한다.

❹ 작업을 동시에 수행하고 수행한 모든 작업이 끝날 때까지 기다린 다음, 그 결과를 모은다. asyncio.gather에 의해 작업을 전달한 순서대로 결과를 모으고 있다. 이는 수행순서에 따른 결과의 순서를 보장한다. 따라서 수행 결과는 항상 [1, 2, 3]이 된다.

❺ 동시에 수행되는 시간을 측정한다.

작성한 예제 코드의 라우터를 메인 함수에 추가한다.

코드 6.4 **main.py**

```
from example.ch06_02.async_ex import router as async_ex_routers
--생략--
app = FastAPI()
--생략--
app.include_router(async_ex_routers)
--생략--
```

다음 명령어를 실행해 확인해보자.

```
$ curl http://localhost:8000/async-test
```

/async-test 엔드포인트로 요청을 보내면 약 1초의 시간에 모든 작업이 완료된다. 3개의 작업이 모두 1초의 소요 시간을 가지고 있고, 동시에 수행되기 때문이다.

6.3 비동기 적용 기준

그렇다면 언제 어떤 상황에서 async, await를 이용해 비동기 프로그래밍을 해야 하는가? 적용 기준은 다음과 같다.

1. 만약 여러분이 사용하고 있는 라이브러리가 제공하는 함수가 비동기로 작성돼 있다면 그 함수를 사용하는 코드는 await 키워드를 사용해야 한다.

   ```
   results = await async_task()
   ```

2. 또한 await 키워드를 본문에 사용하는 함수는 async def로 정의해야 한다. 따라서 엔드포인트 함수의 모양은 이렇게 된다.

   ```
   @app.get('/')
   async def async_example():
       results = await async_task()
       return results
   ```

3. 만약 사용하고 있는 데이터베이스, 파일시스템, API 등의 서드파티 라이브러리가 await를 사용하도록 지원하지 않는다면 일반 def 함수로 정의하면 된다. 지금까지 우리가 구현한 시스템 역시 그렇기 때문에 따로 async/await로 바꿀 필요가 없다.

```
@app.get('/')
async def sync_example():
    results = sync_task()
    return results
```

4. 애플리케이션이 (어떤 식으로든) 다른 것과 통신하고 있고 그것으로부터 응답을 기다릴 필요가 없다면, `async def`를 사용하라.

5. 잘 모르겠다면 일반 `def`를 사용하라. 어떤 엔드포인트 함수는 일반 `def`를, 다른 엔드포인트 함수는 `async def`를 사용해도 상관없다.

비동기로 처리하면 여러 장점이 있겠지만 이 책에서 전달하고자 하는 내용상 굳이 비동기로 구현할 필요가 없으므로 대부분의 코드에서 `async`를 사용하지 않기로 한다.

6.4 마무리

이 장에서는 파이썬에서 동시성을 처리하는 방법을 살펴보고, 동시성과 병렬성의 개념 차이에 관해 이야기했다. 또 FastAPI가 비동기를 어떻게 다루는지 알아보았고, 비동기를 언제 어떻게 적용할지 기준을 제시했다.

다음 장은 다시 TIL 서비스로 돌아와서 로그인 기능을 구현한다.

로그인

지금까지 우리는 모든 API를 누구나 사용할 수 있게 만들었다. 하지만 대부분의 웹 서비스는 다수의 사용자를 대상으로 한다. 따라서 유저의 리소스는 권한이 있는 사람(유저 및 서비스의 어드민)만 다룰 수 있어야 한다. TIL 서비스 역시 자신이 작성한 게시물은 자신만 확인하고 수정할 수 있어야 한다. 이를 위해서 인증/인가 시스템과 유저 로그인 기능이 필요하다.

이번 장에서는 TIL 서비스에 가입한 유저가 로그인하는 기능을 만들어본다. 또 최근 웹 애플리케이션의 인증/인가에 가장 많이 사용되고 있는 JWT에 대해 알아보고 이를 적용한다.

7.1 JWT

어떤 기능을 사용하고자 하는 유저가 적합한 권한을 가졌는지 확인하기 위해 매번 아이디, 패스워드를 입력하도록 할 수는 없다. 그렇게 하면 유저는 1분도 안 돼 떠나고 서비스는 문을 닫을 것이다. 해결 방안으로 유저의 로그인 정보를 브라우저나 앱과 같은 클라이언트에 저장하고, 로그인 후의 요청에 이 정보를 전달하는 방식을 취할 수 있다. 하지만 클라이언트는 보안에 취약하다. 이를 보완하는 방법으로 최근의 웹 서비스들은 JWT를 많이 사용한다.

JSON 웹 토큰JSON Web Token, JWT는 **RFC 7519**[1]에 소개됐다.

---

1   https://datatracker.ietf.org/doc/html/rfc7519

JWT는 두 당사자 사이에 이전될 수 있는 클레임[2]을 나타내는 간결하면서도 안전한 방법이다. JWT에 포함된 클레임은 JSON으로 인코딩돼 **JSON 웹 서명**JSON Web Signature, JWS[3]의 페이로드 또는 **JSON 웹 암호화**JSON Web Encryption, JWE[4]의 일반 텍스트로 사용된다. 클레임을 디지털 방식으로 서명하거나 **메시지 인증 코드**message authentication code, MAC로 암호화해서 무결성을 보호한다.

JWT는 eyJhbGciOiJIUzI1NiIsInR5cCI6IkpXVCJ9.eyJzdWIiOiIxMjM0NTY3ODkwIiwibmFtZSI6Ikpv aG4gRG9lIiwiaWF0IjoxNTE2MjM5MDIyfQ.SflKxwRJSMeKKF2QT4fwpMeJf36POk6yJV_adQssw5c와 같이 생긴 문자열이다. 점(.)으로 구분된 각각의 문자열은 헤더, 페이로드, 시그니처signature를 나타낸다. 헤더와 페이로드는 base64로 인코딩돼 있다. base64로 인코딩하면 사람이 읽을 수 없고 디코딩이 필요하지만, JWT를 HTTP 헤더나 매개변수로 사용할 수 있다. 또 JSON 문자열을 데이터베이스나 프로그래밍 언어에서 지원하지 않는 경우가 있기 때문에 이를 위해서도 base64 인코딩이 필요하다.

JWT를 직접 다루기 전에 https://jwt.io에서 동작 방식을 잠시 살펴보자.

그림 7-1 **jwt.io**

---

2 '페이로드'라고도 한다.

3 https://datatracker.ietf.org/doc/html/rfc7515

4 https://datatracker.ietf.org/doc/html/rfc7516

오른쪽에 있는 HEADER, PAYLOAD, VERIFY SIGNATURE의 값을 다르게 바꿔보자. 값이 조금만 바뀌어도 새로 만들어지는 JWT는 전혀 다른 문자열이 된다. 이제 생성된 JWT를 잠시 복사해 두고, 시그니처의 값을 바꾼 후, 왼쪽 영역에 복사해둔 JWT를 다시 붙여 넣어보자.

그림 7-2 **시그니처가 다를 경우**

'Invalid Signature'라는 시그니처가 올바르지 않다는 메시지를 볼 수 있다. 하지만 페이로드는 디코딩이 잘된다. 즉, 시그니처만 잘 관리하면 JWT가 공개돼도 내가 만든 토큰인지 공격자가 임의로 만든 것인지 검증할 수 있다는 뜻이다. 하지만 페이로드는 누구나 확인할 수 있으므로 유저 패스워드와 같은 민감한 정보가 담겨 있으면 안 된다.

7.1.1 헤더

점(.)으로 구분된 가장 첫 번째 문자열은 헤더다. 헤더는 일반적으로 JWT의 유형(typ)과 어떤 알고리즘(alg)에 의해 인코딩됐는지를 포함한다.

```
{
    "typ":"JWT",
    "alg":"HS256"
}
```

`typ` 매개변수는 JWS와 JWE에 정의된 미디어 타입이다. 이는 JWT를 처리하는 애플리케이션에게 페이로드가 무엇인지를 알려주는 역할을 한다. 즉, 이 토큰은 JWT라는 것을 뜻하므로 `"JWT"`라는 값으로 정의하라고 권고하고 있다.

`alg` 매개변수는 토큰을 암호화하는 알고리즘이다. 암호화하지 않을 경우는 `"none"`으로 정의하고, 암호화를 할 경우 해당 알고리즘을 기술한다. 위의 예에서는 `HS256`으로 토큰을 암호화했다는 뜻이다.

7.1.2 페이로드

페이로드_{payload}는 **클레임**_{claim}이라 부르는 정보를 포함한다.

❶ 등록된 클레임

IANA JWT 클레임 저장소에 등록된 클레임이다. 필수는 아니지만 JWT가 상호 호환성을 가지려면 작성해야 한다.

- `iss`(발급자)_{issuer}

  누가 토큰을 발급(생성)했는지를 나타낸다. 애플리케이션에서 임의로 정의한 문자열 또는 URI_{uniform resource identifier} 형식을 가진다.

- `sub`(주제)_{subject}

  일반적으로 주제에 대한 설명을 나타낸다. 토큰 주제는 발급자가 정의하는 문맥상 또는 전역으로 유일한 값을 가져야 한다. 문자열 또는 URI 형식을 가진다.

- `aud`(수신자)_{audience}

  누구에게 토큰이 전달되는가를 나타낸다. 주로 보호된 리소스의 URL을 값으로 설정한다.

- `exp`(만료 시간)_{expiration}

  언제 토큰이 만료되는지를 나타낸다. 만료 시간이 지난 토큰은 수락돼서는 안 된다. 일반적으로 **UNIX epoch 시간**[5]을 사용한다.

5　1970년 1월 1일 00:00:00 세계 협정시(UTC)부터의 경과 시간을 초로 환산해 정수로 나타낸 시간을 의미한다.

- `nbf`(정의된 시간 이후)not before

  정의된 시간 이후에 토큰이 활성화된다. 토큰이 유효해지는 시간 이전에 미리 발급되는 경우 사용한다. 일반적으로 UNIX Epoch 시간을 사용한다.

- `iat`(토큰 발급 시간)issued at

  언제 토큰이 발급됐는지를 나타낸다. 일반적으로 UNIX Epoch 시간을 사용한다.

- `jti`(토큰 식별자)JWT ID

  토큰의 고유 식별자로서, 같은 값을 가질 확률이 없는 암호학적 방법으로 생성돼야 한다. 공격자가 JWT를 재사용하는 것을 방지하기 위해 사용한다.

❷ 공개 클레임

JWT 발급자는 표준 클레임에 덧붙여 공개돼도 무방한 페이로드를 **공개 클레임**public claim으로 정의한다. 하지만 이름 충돌을 방지하기 위해 IANA JWT 클레임 저장소에 클레임 이름을 등록하거나 합리적인 예방 조치를 해야 한다. 보통 URI 형식으로 정의한다.

```
{
    "http://example.com/is_root": true
}
```

❸ 비공개 클레임

JWT 발급자와 사용자 간에 사용하기로 약속한 클레임이다. 서비스 도메인 내에서 필요한 이름과 값을 **비공개 클레임**private claim으로 정의한다. 이름 충돌이 발생하지 않도록 주의해야 한다.

7.1.3 시그니처

헤더와 페이로드는 단순히 `base64`로 인코딩하기 때문에 공격자는 원하는 값을 넣고 토큰을 생성할 수 있다. 따라서 생성된 토큰이 유효한지 검증하는 장치가 필요하다. 헤더에서 `"alg":"HS256"`이라고 선언한다면 이 토큰은 `HMACSHA256` 알고리즘으로 암호화해야 한다. 당연히 암호화할 때 사용하는 `secret`은 토큰을 생성하고 검증하는 서버에서만 안전한 방법으로 저장해야 한다.

`HS256` 방식의 암호화는 헤더와 페이로드를 `base64`로 인코딩한 문자열과 `secret`(다음 예에서는 `"secret"`이라는 문자열을 사용)을 이용해 `HMACSHA256` 알고리즘에 넣어주면 된다.

```
HMACSHA256(
  base64UrlEncode(header) + "." +
  base64UrlEncode(payload),
  'secret'
)
```

NOTE JWT 토큰을 생성할 때는 직접 base64 인코딩과 암호화 알고리즘을 사용하지 않고 JWT 생성 라이브러리를 사용한다.

7.2 로그인

로그인 API는 아이디와 패스워드를 유저로부터 전달받고, 응답으로 JWT를 돌려준다. 이번에는 데이터의 전달에 초점을 맞추어서 인터페이스부터 만들어본다. 앞에서도 이야기했듯이 어느 계층부터 만들어야 하는지 정해진 바는 없다. 다만 내가 구현하고 있는 현재의 계층이 어디인지 집중하면서 다른 계층의 구현과 뒤섞이지 않도록 작업 단위를 나누는 것이 좋다. 하지만 도메인이 새로 필요하거나 변경이 일어난다면 도메인부터 정의하는 게 좋다.

코드 7.1 **user/interface/controllers/user_controller.py**

```
from fastapi.security import OAuth2PasswordRequestForm
from typing import Annotated
--생략--

@router.post("/login")
@inject
def login(
    form_data: Annotated[OAuth2PasswordRequestForm, Depends()],  ❶
    user_service: UserService = Depends(Provide[Container.user_service]),
):
    access_token = user_service.login(
        email=form_data.username,
        password=form_data.password,
    )

    return {"access_token": access_token, "token_type": "bearer"}  ❷
```

❶ FastAPI가 제공하는 OAuth2PasswordRequestForm 클래스를 이용해 유저의 아이디와 패스워드를 전달받았다. 따라서 호출할 때 form-data로 데이터를 전달해야 한다. 또 데이터의 형식은 username과 password로 고정돼 있다. 이는 **OAuth2**의 스펙에 정해진 이름이다.

❷ 응답 형식 역시 OAuth2 스펙에 정의돼 있다.

NOTE FastAPI 가이드 문서[6]에는 로그인을 구현하는 방법으로 OAuth2를 사용한다. OAuth2는 다음과 같은 용도로 주로 사용된다. 더 자세한 내용은 RFC 문서[7]와 다른 자료를 참고하자.

- **서드파티 사용자 인증 및 권한 부여**
  - 사용자는 서드파티 서비스(예: 구글, 네이버, 카카오 등)에서 인증(로그인)하고, 해당 서비스가 제공한 토큰을 통해 다른 애플리케이션(예: 우리의 TIL 애플리케이션)에 접근 권한을 부여한다. '카카오로 로그인하기'와 같은 기능을 말한다.
- **API 엑세스 및 권한 제어**
  - 사용자가 자신의 데이터에 대한 액세스를 다른 애플리케이션에 부여할 때, API를 통해 해당 데이터에 접근할 수 있는 권한을 부여하거나 거부하는 데 OAuth 2.0을 사용한다. 예를 들어, TIL 애플리케이션이 유저의 에버노트에 있는 노트를 가져와서 게시하는 기능을 구현한다고 하자. TIL 애플리케이션은 에버노트의 리소스에 접근할 권한을 유저로부터 얻은 다음 에버노트가 제공하는 API를 사용해 게시물을 읽거나 쓸 수 있다.

단순 로그인을 위해 OAuth2 스펙을 가져다 쓸 필요는 없다. JWT를 직접 다루는 방법을 사용해도 된다. 다시 설명하면, 라우터로 전달된 요청(Request) 객체에서 Authorization 헤더를 분석해 JWT를 직접 구해도 된다. 그런데 이 방법을 사용하면 인증이 필요한 엔드포인트에 대한 OpenAPI 스펙을 자동으로 생성하기가 까다롭다. 따라서 가이드 문서에서와 같이 OAuth2PasswordRequestForm 클래스와 OAuth2PasswordBearer 클래스를 사용한다.

로그인 처리를 구현하기 전에 앞에서 만든 auth 모듈에 JWT를 생성하고, 검증하는 기능을 추가하자. 그 전에 JWT를 다루는 라이브러리와 form-data를 다루기 위한 python-multipart 라이브러리가 필요하다.

```
$ poetry add "python-jose[cryptography]" python-multipart
```

이제 JWT로 만든 액세스 토큰을 생성하고, 생성된 JWT를 다시 복호화하는 함수를 만든다. 많은 API에서 공용으로 사용할 모듈이다.

코드 7.2 **common/auth.py**

```
from datetime import datetime, timedelta
from fastapi import HTTPException, status
from jose import JWTError, jwt

SECRET_KEY = "THIS_IS_SUPER_SECRET_KEY"
ALGORITHM = "HS256"
```

---

6 https://fastapi.tiangolo.com/tutorial/security/simple-oauth2/

7 https://datatracker.ietf.org/doc/html/rfc6749 등

```
def create_access_token(
    payload: dict,
    expires_delta: timedelta = timedelta(hours=6),
):
    expire = datetime.utcnow() + expires_delta
    payload.update({"exp": expire})     ❶
    encoded_jwt = jwt.encode(payload, SECRET_KEY, algorithm=ALGORITHM)     ❷

    return encoded_jwt

def decode_access_token(token: str):
    try:
        return jwt.decode(token, SECRET_KEY, algorithms=[ALGORITHM])     ❸
    except JWTError:
        raise HTTPException(status_code=status.HTTP_401_UNAUTHORIZED)     ❹
```

❶ 토큰의 만료 시간을 페이로드에 추가한다. 유저가 게시물을 작성하는 다소 긴 시간을 고려해 기본 만료 시간을 여섯 시간으로 했다.[8]

❷ 외부에 공개하지 않는 보안 키를 이용해 암호화한다(현재는 하드 코딩돼 있지만 다음 장에서 환경 변수로 바꾼다). 암호화 알고리즘은 HS256을 사용했다.

❸ 주어진 토큰을 보안 키와 암호화 알고리즘으로 복호화한다.

❹ 주어진 토큰이 우리의 암호화 키로 만들어지지 않은 경우, JWTError가 발생한다. 이 에러가 발생하면 HTTP 401 Unauthorized 에러를 응답한다.

이제 애플리케이션 계층에 로그인 기능을 구현한다.

코드 7.3 user/application/user_service.py

```
from fastapi import status
from common.auth import create_access_token
--생략--

def login(self, email: str, password: str):
    user = self.user_repo.find_by_email(email)     ❶

    if not self.crypto.verify(password, user.password):     ❷
        raise HTTPException(status_code=status.HTTP_401_UNAUTHORIZED)

    access_token = create_access_token(
```

---

8   액세스 토큰이 만료된 경우를 고려해 리프레시 토큰(refresh token)을 활용할 수 있다. 이 책에서는 다루지 않는다.

```
        payload={"user_id": user.id}  ❸
    )

    return access_token
```

❶ 전달받은 email로 가입한 유저가 있는지 찾는다. TIL 서비스는 이메일 주소를 유저 로그인 아이디로 사용하고 있다.

❷ 전달받은 패스워드와 데이터베이스에 저장된 패스워드와 비교해 유효한지 검증한다. 만약 그렇지 않다면 역시 401 에러를 반환한다.

❸ 액세스 토큰을 발급한다.

앞서 만든 계정으로 직접 로그인을 해볼 시간이다.

```
curl -X 'POST' \
  'http://localhost:8000/users/login' \
  -H 'Content-Type: application/x-www-form-urlencoded' \  ❶
  -d 'username=dexter.haan%40gmail.com&password=Test1234'  ❶

{
  "access_token": "eyJhbGciOiJIUzI1NiIsInR5cCI6IkpXVCJ9.eyJ1c2VyX2lkIjoiMDFIRVlBQkVVQSFdYVE1
XV0syRlYyUDJWNUQiLCJyb2xlIjoiVVNFUiIsImV4cCI6MTcwMDcwNTEyOH0.RmNVGCMz9-NCX8bsNwhAABzfB9nG5x
fgfdOLdZwLZts"
}
```

❶ username과 password를 form-data로 URL 인코딩한 문자열로 전달한다.

응답으로 액세스 토큰을 잘 전달받았다. 이 토큰을 다시 jwt.io에서 확인해보면 우리가 만든 페이로드가 잘 포함돼 있음을 알 수 있다.

Encoded PASTE A TOKEN HERE

eyJhbGciOiJIUzI1NiIsInR5cCI6IkpX
VCJ9.eyJ1c2VyX2lkIjoiMDFIRVlBQkV
QSFdYVE1XV0syRlYyUDJWNUQiLCJyb2x
lIjoiVVNFUiIsImV4cCI6MTcwMDcwNTE
yOH0.RmNVGCMz9-
NCX8bsNwhAABzfB9nG5xfgfdOLdZwLZt
s

Decoded EDIT THE PAYLOAD AND SECRET

HEADER: ALGORITHM & TOKEN TYPE

```
{
  "alg": "HS256",
  "typ": "JWT"
}
```

PAYLOAD: DATA

```
{
  "user_id": "01HEYABEPHWXTMWWK2FV2P2V5D",
  "role": "USER",
  "exp": 1700705128
}
```

VERIFY SIGNATURE

```
HMACSHA256(
  base64UrlEncode(header) + "." +
  base64UrlEncode(payload),
  your-256-bit-secret
) ☐ secret base64 encoded
```

⊗ Invalid Signature

SHARE JWT

그림 7-3 **생성한 토큰의 페이로드 확인 결과**

7.3 JWT 인증/인가

로그인에 성공했으니 이제 전달받은 액세스 토큰을 요청에 실어 보내면 된다. 지금까지 만든 유저 서비스의 API의 목록은 다음과 같다.

- POST /users: 유저 생성
- GET /users: 유저 목록 조회
- DELETE /users: 유저 삭제(회원 탈퇴)
- POST /users/login: 로그인
- PUT /users/{user_id}: 유저 정보 업데이트

7.3.1 토큰에 역할 추가

시스템을 운영하다 보면 로그인한 유저에 대해 여러 가지 역할role을 부여해야 하는 경우가 있다. 역할에 따라 어떤 리소스에 대해 접근이 가능한지 권한을 제한하고, 역할을 그룹으로 묶어 계층 적으로 관리하기도 한다.

앞서 나열한 API 중, 유저는 자신이 가진 권한으로 실행할 수 있는 API만 호출할 수 있어야 한다. 유저는 회원 탈퇴를 뜻하는 유저 삭제 API와 자신의 정보를 갱신하는 유저 정보 업데이트 API만 가능하다. 유저는 함부로 다른 사람의 정보를 조회하면 안 되므로, 유저 목록 조회는 어드민(애플리케이션 관리자)만 가능해야 한다고 하자. 따라서 권한을 검사하는 인가 기능이 필요하다. 인가 시스템을 제대로 갖추는 작업은 이 책의 범위를 벗어난다. 이 책에서는 단순히 역할을 뜻하는 `role`이라는 페이로드를 토큰에 추가하고, 그 값이 `USER`인지 `ADMIN`인지 구분해 권한을 검사한다.

먼저 역할을 나타내는 열거형 클래스를 하나 선언하자. 지금은 단순히 두 가지 역할만 존재한다.

코드 7.4 common/auth.py
```
from enum import StrEnum
--생략--

class Role(StrEnum):
    ADMIN = "ADMIN"
    USER = "USER"
```

토큰을 발행할 때 페이로드에 역할을 추가한다.

코드 7.5 common/auth.py
```
def create_access_token(
    payload: dict,
    role: Role,
    expires_delta: timedelta = timedelta(hours=6),
):
    expire = datetime.utcnow() + expires_delta
    payload.update(
        {
            "role": role,
            "exp": expire,
        }
    )
    encoded_jwt = jwt.encode(payload, SECRET_KEY, algorithm=ALGORITHM)

    return encoded_jwt
```

그리고 유저가 로그인을 수행할 때 적당한 역할(지금은 `Role.USER`)을 설정한다.

코드 7.6 user/application/user_service.py

```python
from common.auth import Role, create_access_token
--생략--

    def login(self, email: str, password: str):
        user = self.user_repo.find_by_email(email)

        if not self.crypto.verify(password, user.password):
            raise HTTPException(status_code=status.HTTP_401_UNAUTHORIZED)

        access_token = create_access_token(
            payload={"user_id": user.id},
            role=Role.USER,
        )

        return access_token
```

7.3.2 일반 유저용 API 인증/인가

유저 정보 업데이트, 회원 탈퇴 API를 호출할 때 액세스 토큰을 전달해 로그인한 유저인지 검사(인증)하는 기능을 추가한다. 이때 토큰에 있는 role을 검사(인가)한다.

이 인증/인가 기능 역시 여러 API에서 공용으로 사용하기 때문에 auth 모듈에 필요한 기능을 먼저 구현한다.

코드 7.7 common/auth.py

```python
from dataclasses import dataclass
from fastapi.security import OAuth2PasswordBearer
from typing import Annotated
from fastapi import Depends, HTTPException, status
--생략--

oauth2_scheme = OAuth2PasswordBearer(tokenUrl="/users/login")  ❶

@dataclass
class CurrentUser:  ❷
    id: str
    role: Role

def get_current_user(token: Annotated[str, Depends(oauth2_scheme)]):  ❸
    payload = decode_access_token(token)

    user_id = payload.get("user_id")
```

```
        role = payload.get("role")
        if not user_id or not role or role != Role.USER:  ❹
            raise HTTPException(status_code=status.HTTP_403_FORBIDDEN)

        return CurrentUser(user_id, Role(role))
```

❶ FastAPI가 제공하는 `OAuth2PasswordBearer` 클래스를 이용해 아이디, 패스워드 기반으로 로그인할 수 있도록 한다. `tokenUrl`은 앞서 만든 토큰을 발급하는 엔드포인트가 할당돼 있다.

❷ 토큰의 페이로드에 있는 정보를 담을 데이터 클래스다.

❸ `oauth2_scheme`을 통해 얻은 토큰을 복호화한 페이로드에서 현재 유저의 정보를 구한다.

❹ 이때 페이로드에 필요한 정보가 없거나, 역할이 일반 유저의 역할이 아니면 403 에러를 일으킨다.

403 에러[9]는 공식 문서에서 다음과 같이 정의한다.

403 Forbidden

HTTP 403 Forbidden 클라이언트 상태 응답 코드는 서버에 요청이 전달되었지만, 권한 때문에 거절되었다는 것을 의미합니다.

이 상태는 401과 비슷하지만, 로그인 로직(틀린 비밀번호로 로그인 행위)처럼 반응해 **재인증**re-authenticating을 하더라도 지속적으로 접속을 거절합니다.

이제 `get_current_user` 함수를 라우터 함수에 주입해서, API가 호출될 때 인증/인가를 수행할 수 있도록 한다. 유저 정보 업데이트 API에 적용해보자.

코드 7.8 user/interface/controllers/user_controller.py

```
from common.auth import CurrentUser, get_current_user
--생략--

class UpdateUserBody(BaseModel):  ❶
    name: str | None = Field(min_length=2, max_length=32, default=None)
    password: str | None = Field(min_length=8, max_length=32, default=None)

@router.put("", response_model=UserResponse)  ❷
@inject
def update_user(
    current_user: Annotated[CurrentUser, Depends(get_current_user)],  ❸
    body: UpdateUserBody,  ❹
```

---

9   https://developer.mozilla.org/ko/docs/Web/HTTP/Status/403

```
        user_service: UserService = Depends(Provide[Container.user_service]),
    ):
        user = user_service.update_user(
            user_id=current_user.id,    ❺
            name=body.name,
            password=body.password,
        )

        return user
```

❶ `UpdateUser`를 `UpdateUserBody`로 바꾼다.

❷ 이제 `user_id`를 따로 전달받을 필요가 없다.

❸ `get_current_user`의 수행 결과를 주입받는다. 이제부터 토큰에 들어있는 유저의 ID를 사용하므로, 따로 `user_id`를 전달받을 필요가 없다.

❹ 요청 본문의 이름을 더 명확히 나타내도록 했다.

❺ 토큰 페이로드에 있는 `id`를 사용한다.

업데이트 API가 잘 동작하는지 확인해보자. 앞서 로그인해서 얻은 토큰을 헤더에 실어 전송한다.

```
$ curl -X 'PUT' \
  'http://localhost:8000/users' \
  -H 'Authorization: Bearer eyJhbGciOiJIUzI1NiIsInR5cCI6IkpXVCJ9.eyJ1c2VyX2lkIjoiMDFIRV1BQk
VQSFdYVE1XV0syRlYyUDJWNUQiLCJyb2xlIjoiVVNFUiIsImV4cCI6MTcwMDcwNTEyOH0.RmNVGCMz9-NCX8bsNwhAA
BzfB9nG5xfgfdOLdZwLZts' \
  -H 'Content-Type: application/json' \
  -d '{
    "name": "Dexter NEW2"
  }'

{
  "id": "01HEYABEPHWXTMWWK2FV2P2V5D",
  "name": "Dexter NEW2",
  "email": "dexter.haan@gmail.com",
  "created_at": "2023-11-11T13:31:00",
  "updated_at": "2023-11-23T06:15:39.845442"
}
```

회원 탈퇴 API 역시 마찬가지로 적용한다.

코드 7.9 **user/interface/controllers/user_controller.py**

```python
@router.delete("", status_code=204)
@inject
def delete_user(
    current_user: Annotated[CurrentUser, Depends(get_current_user)],
    user_service: UserService = Depends(Provide[Container.user_service]),
):
    user_service.delete_user(current_user.id)
```

7.3.3 어드민용 API 인증/인가

TIL 서비스에서는 유저 목록 조회를 어드민 권한이 있는 유저만 가능해야 한다고 가정한다. 따라서 앞서 일반 유저와 다른 어드민용 토큰이 필요하고, 이 토큰에는 `ADMIN` 권한이 있어야 한다. 어드민 토큰을 검사하는 함수를 구현하자.

코드 7.10 **common/auth.py**

```python
def get_admin_user(token: Annotated[str, Depends(oauth2_scheme)]):
    payload = decode_access_token(token)

    role = payload.get("role")
    if not role or role != Role.ADMIN:
        raise HTTPException(status_code=status.HTTP_403_FORBIDDEN)

    return CurrentUser("ADMIN_USER_ID", role)  ❶
```

❶ 현재는 어드민 유저를 어떻게 관리할지 정해진 바가 없다. 따라서 `id`를 임의로 부여했다.

유저 목록 조회 API에 적용한다.

코드 7.11 **user/interface/controllers/user_controller.py**

```python
from common.auth import get_admin_user
--생략--

@router.get("")
@inject
def get_users(
    page: int = 1,
    items_per_page: int = 10,
    current_user: CurrentUser = Depends(get_admin_user),  ❶
    user_service: UserService = Depends(Provide[Container.user_service]),
):
```

❶ `get_admin_user` 함수의 결과를 주입해 어드민용 토큰을 검사한다.

여기서 잠시 http://localhost:8000/docs에 접속해서 OpenAPI 문서를 다시 확인해보자.

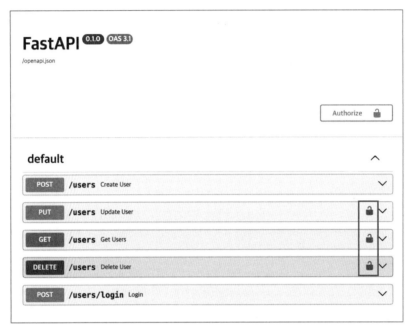

그림 7-4 **인증이 필요한 API**

자물쇠 모양 아이콘(🔒)을 가진 버튼이 생겼다. 이 버튼은 인증이 필요한 API를 뜻한다. 따라서 인증을 먼저 수행하지 않고 실행하면 401 에러가 발생한다. 자물쇠 버튼을 누르면 OAuth2의 패스워드 방식의 로그인 창이 뜬다. `username`, `password`에 값을 입력해 로그인을 해보자.

그림 7-5 OpenAPI 인증 과정

버튼 아이콘이 잠긴 자물쇠(🔒)로 바뀐다.

그림 7-6 인증이 수행된 OpenAPI

하지만 유저 목록 조회 API는 로그인해도 실행할 수 없다. JWT 토큰을 로그인 API(`/users/login`)를 통해 얻도록 구현돼 있는데, 현재 구현은 어드민 유저를 고려하지 않고 있기 때문이다. 이 기능은 독자 여러분이 직접 구현해보길 바란다.

7.4 마무리

이 장에서는 같은 데이터베이스에 저장된 리소스를 다수의 사용자가 사용하기 위한 로그인 기능을 구현했다. 최근 웹 서비스에서 인증, 인가에 많이 사용되는 JWT에 대한 개념을 자세히 살펴보았다. 사용자는 로그인을 통해 얻은 JWT를 이용해 자신이 서비스의 회원임을 인증하고, JWT의 페이로드에 있는 역할로 권한을 획득한다. 이 과정을 FastAPI 엔드포인트 함수에 주입해 현재 유저를 판단하도록 했다.

다음 장에서는 지금까지 하드 코딩돼 있는 중요한 정보를 소스 코드에 드러내지 않고 환경변수로 다루는 방법을 배운다.

CHAPTER

8

환경변수

이 책에서는 우리가 만든 서비스를 로컬 개발 환경이 아닌 운영 환경에 배포하는 것까지는 다루지 않는다. 하지만 실제 서버에 배포하려면 서버의 목적에 따라 배포 시점에 설정되는 환경변수를 서버마다 다르게 설정해야 한다. 예를 들어 개발 서버, 테스트 서버, 운영 서버 등에 따라 프로그램이 가지는 환경변수를 다르게 하는 게 좋다. 환경변수는 애플리케이션이 구동되는 운영체제가 실행될 때 설정되는 값이다. 일반적으로 코드에 그 값이 드러나서는 안 되는 중요한 설정값을 가진다.

환경변수를 이용하면 보안의 목적 외에도 같은 코드를 여러 환경에서 실행할 수고, 환경에 따라 동작이 바뀌도록 할 수 있으므로 코드의 유연성과 이식성이 증대된다. 코드 내에서 사용하는 그 값이 다를 뿐 환경변수 자체는 동일하기 때문이다. 또 만약 환경변수의 값을 바꿔야 하는 경우에는 코드를 수정하고 빌드해서 배포하지 않고, 배포 시스템에서 환경변수를 관리하는 메뉴를 통해 값을 바꾸거나, 환경변수 파일만 수정하고 서버를 재시동하기만 하면 된다.

지금까지 우리가 만든 서비스에서 환경변수로 옮겨야 하는 부분은 다음과 같다.

- 데이터베이스의 유저 이름(root)과 패스워드(test)
- JWT를 생성하고 검증할 때 사용하는 비밀키(THIS_IS_SUPER_SECRET_KEY)

이 장에서는 코드 내에 하드 코딩돼 있는 이 값들을 환경변수로 관리하는 작업을 한다.

8.1 dotenv

환경변수는 애플리케이션이 배포되는 시스템(리눅스, 윈도우, macOS 등)에 상관없이 시스템이 읽을 수 있어야 한다. 따라서 문자열로 구성된 **키-값**key-value 형식으로 이루어진다. 유닉스 기반 운영체제라면 export 명령어를 사용한다.

```
$ export NAME="Dexter HAN"
```

윈도우에서는 set 키워드를 사용한다.

```
C:\> set NAME="Dexter HAN"
```

macOS에서 환경변수의 값을 확인하려면 echo 명령어를 이용하거나, env 명령어를 이용해 전체 환경변수를 확인할 수 있다.

```
$ echo $NAME
Dexter HAN
$ env
--생략--
NAME=Dexter HAN
--생략--
```

윈도우에서는 환경변수에 % 기호를 사용한다.

```
$ echo %NAME%
Dexter HAN
```

파이썬은 OS 모듈을 이용해 환경변수를 읽을 수 있다. 쉘에서 확인해보자.

```
$ NAME="Dexter HAN" uvicorn main:app
```

윈도우에서는 다음과 같이 수행할 수 있다.

```
C:\> cmd /C "set NAME=Dexter HAN && uvicorn main:app"
```

애플리케이션이 필요한 환경변수가 많아지면 이 방법은 좋은 방법이 아니다. 웹 애플리케이션은 주로 .env(닷이엔브이_{dotenv}라 부른다) **파일**에 선언된 환경변수를 읽는다. 사실 이 파일의 이름은 무엇이든 상관없지만 관행으로 굳어졌다. .env 파일을 배포 시점에 동적으로 생성하는 작업은 배포 시스템이 할 일이다. 클라우드 업체마다 또는 배포 서비스마다 다른 방법을 사용하고, 애플리케이션이 실행될 때 배포 환경에 환경변수를 주입한다. 만약 여러분이 직접 서버를 구성한다면 .env 파일을 서버에 직접 생성해야 할 것이다.

소스 코드 최상위 경로에 .env 파일을 만들고 환경변수를 선언하자. .env 파일은 코드베이스에서 관리돼서는 안 되므로, 깃을 사용하고 있다면 .gitignore에 추가한다.

코드 8.1 **.env**

```
DATABASE_USERNAME=root
DATABASE_PASSWORD=test
JWT_SECRET="THIS_IS_SUPER_SECRET_KEY"
```

8.2 config.py: 환경변수 관리 모듈

파이단틱을 활용하면 환경변수의 유효성도 검사할 수 있다. 환경변수는 키-값의 형식으로 이루어진 텍스트이기 때문에 환경변수의 값의 타입 등 파이단틱이 지원하는 다양한 기능을 활용할 수 있다.

```
(fastapi-ca-py3.11) $ poetry add python-dotenv
```

이 기능을 이용하려면 `pydantic-settings` 패키지가 필요하다. 만약 `"fastapi[all]"` 패키지를 설치했다면 이미 설치돼 있을 것이다.

```
(fastapi-ca-py3.11) $ poetry add pydantic-settings
```

이제 환경변수를 다루기 쉽게 공통 모듈을 하나 만들자.

코드 8.2 **config.py**

```
from functools import lru_cache
from pydantic_settings import BaseSettings, SettingsConfigDict
```

```
class Settings(BaseSettings):  ❶
    model_config = SettingsConfigDict(  ❷
        env_file=".env",
        env_file_encoding="utf-8"
    )

    database_username: str  ❸
    database_password: str  ❸
    jwt_secret: str  ❸

@lru_cache  ❹
def get_settings():
    return Settings()  ❺
```

❶ pydantic_settings가 제공하는 BaseSettings를 상속받았다. BaseSettings는 파이단틱의
    BaseModel을 상속받고 있으므로, 이제 Settings 클래스는 파이단틱 모델이면서 환경변수를
    다루는 클래스이다.
❷ 환경변수를 파일(.env)로부터 읽어 들인다.
❸ 환경변수를 코드 내에서 사용하기 위해 속성을 선언한다. 이 변수의 타입은 환경변수의 값과
    타입이 같아야 한다. 우리는 모두 문자열을 사용하고 있으므로 str 타입으로 선언한다. 속성명
    의 이름은 .env 파일에 선언된 키와 이름이 같아야 한다. 대소문자는 구분하지 않는다.
❹ 애플리케이션이 운용될 때 환경변수는 매우 자주 참조된다. 따라서 페이지 교체 알고리즘page
    replacement algorithm의 하나인 **LRU 알고리즘**least recently used algorithm으로 이미 구한 값이 있다면
    그 값을 반환한다. 현재 get_settings 함수는 인수도 없고 Settings 클래스의 객체를 생성하
    는 것 외에 아무런 연산을 하지 않는다. 따라서 지금은 @lru_cache를 적용하지 않아도 되지만,
    만약 인수에 따라 동작이 달라진다면 성능이 향상된다.
❺ 환경변수 파이단틱 모델의 객체를 생성한다. 다른 모듈은 이제 get_settings 함수를 호출해
    환경변수를 읽을 수 있다.

8.3 환경변수 적용

우리가 만든 config 모듈을 활용해 환경변수를 사용하는 방법은 간단하다. 먼저 데이터베이스의
유저명과 패스워드를 환경변수에서 읽어오도록 한다.

코드 8.3 **database.py**

```python
from config import get_settings

settings = get_settings()    ❶

SQLALCHEMY_DATABASE_URL = (
    "mysql+mysqldb://"
    f"{settings.database_username}:{settings.database_password}"    ❷
    "@127.0.0.1/fastapi-ca"    ❸
)
```

❶ 앞서 만든 `config` 모듈을 이용해 환경변수로부터 설정값을 읽어온다.

❷ 데이터베이스 유저명과 패스워드로 환경변수에 기술한 값을 사용한다.

❸ 호스트와 데이터베이스 스키마(`fastapi-ca`)를 지정한다.

JWT의 비밀 키에도 적용하자.

코드 8.4 **common/auth.py**

```python
--생략--
from config import get_settings

settings = get_settings()

SECRET_KEY = settings.jwt_secret
ALGORITHM = "HS256"
--생략--
```

만약 엔드포인트 함수에서 환경변수가 필요하다면 `get_settings` 함수를 주입할 수 있다. 코드 8.5는 환경변수 테스트를 위한 API이다.

코드 8.5 **example/ch08_03/env_ex.py**

```python
from typing import Annotated
from fastapi import APIRouter, Depends
from config import Settings, get_settings

router = APIRouter(prefix="/env-test")

@router.get("")
async def info(settings: Annotated[Settings, Depends(get_settings)]):    ❶
    return {
        "database_username": settings.database_username,    ❷
```

```
        "database_password": settings.database_password,  ❷
        "jwt_secret": settings.jwt_secret,  ❷
    }
```

❶ 엔드포인트 함수에 환경변수를 읽어온 결과를 주입받았다.

❷ 환경변수에 기술된 값을 사용한다.

8.4 마무리

이 장에서는 환경변수의 개념에 대해 간략히 살펴보았다. 일반적인 파이썬 환경에서 환경변수를 좀 더 쉽게 다루기 위해 python-dotenv 패키지를 이용해 환경변수를 다루는 방법을 알아보았다. 그리고 FastAPI가 이 모듈을 이용하도록 했다.

다음 장에서는 TIL 서비스의 기능을 확장해, 유저가 작성한 게시물(노트) 리소스를 다루는 예를 살펴본다. 이 과정을 통해 앞서 배운 클린 아키텍처를 구현하는 방법에 더 익숙해진다.

TIL Note

이 장에서는 이 책에서 구현하고자 하는 핵심 기능인 TIL을 생성하고 다루는 기능을 추가한다. 지금까지 우리가 만들었던 유저 앱과 마찬가지로 TIL 도메인을 정의하고, 이 도메인을 다루는 기능을 클린 아키텍처를 적용하며 만들어본다. 독자 여러분이 만약 이 과정에 이미 익숙하다고 판단된다면 앞의 내용을 복습하는 차원에서 편하게 읽어보길 바란다. 그렇지 않다면 그림 9-1에 있는 기능을 직접 구현한 후 책의 내용과 비교해보는 것도 좋은 학습 방법이다.

그림 9-1 **노트 앱**

NOTE 이 장에서는 편의를 위해 그림 9.1에 있는 모든 기능을 계층별로 한꺼번에 구현한다. 하지만 특정 기능에 대한 요구 사항(유스 케이스)에 집중해 하나씩 만드는 것이 좋다. 일명 **김밥 썰기**라고 부르는 방법이다.

TIL은 매일 새로 배운 지식을 정리하는 공간이다. 따라서 하루 단위로 무언가 게시물이 작성된다. 하지만 그날 깨우친 지식이 서로 다른 주제를 가진다면 별도의 데이터로 저장하고 싶을 수 있다. 필자는 TIL로 작성되는 작은 내용을 노트(Note)라고 하고, 하루에 여러 개의 노트를 작성할 수 있도록 날짜를 중복해서 저장하고자 한다. 클라이언트 화면에 표시할 때에는 이 날짜로 구분해서 보여주면 된다.

user 앱과 구분할 수 있게 note 디렉터리를 만들고 도메인을 정의하자. note 앱 역시 네 개의 계층 (도메인, 애플리케이션, 인터페이스, 인프라)을 가진다.

9.1 도메인 계층 구현

Note 도메인 클래스부터 정의한다.

코드 9.1 **note/domain/note.py**

```python
from dataclasses import dataclass
from datetime import datetime


@dataclass
class Tag:
    id: str
    name: str
    created_at: datetime
    updated_at: datetime


@dataclass
class Note:
    id: str
    user_id: str
    title: str
    content: str
    memo_date: str
    tags: list[Tag]
    created_at: datetime
    updated_at: datetime
```

노트는 유저의 리소스이므로 어떤 유저가 작성한 것인지 구분이 필요하다. 따라서 user_id 속성을 가지도록 했다. title, content 속성은 노트의 제목과 세부 내용이다. memo_date는 "20231126"과 같이 해당 지식을 얻은 날짜를 나타내는 문자열이다. tags는 해시태그의 역할을 한다. 태그를 이용하면 사용자는 달아둔 태그로 여러 게시물을 찾아볼 수 있다. 태그는 별도의 클래스로 정의했다. 도메인 객체는 목적에 따라 서브 도메인으로 나눌 수 있다.

이제 노트를 데이터베이스에 저장하고 다루는 저장소의 인터페이스를 정의한다.

코드 9.2 **note/domain/repository/note_repo.py**

```python
from abc import ABCMeta, abstractmethod
from note.domain.note import Note

class INoteRepository(metaclass=ABCMeta):
    @abstractmethod
    def get_notes(
        self,
        user_id: str,
        page: int,
        items_per_page: int,
    ) -> tuple[int, list[Note]]:
        raise NotImplementedError

    @abstractmethod
    def find_by_id(self, user_id: str, id: str) -> Note:
        raise NotImplementedError

    @abstractmethod
    def save(self, user_id: str, note: Note) -> Note:
        raise NotImplementedError

    @abstractmethod
    def update(self, user_id: str, note: Note) -> Note:
        raise NotImplementedError

    @abstractmethod
    def delete(self, user_id: str, id: str):
        raise NotImplementedError

    @abstractmethod
    def delete_tags(self, user_id: str, id: str):
        raise NotImplementedError

    @abstractmethod
    def get_notes_by_tag_name(
        self,
        user_id: str,
        tag_name: str,
        page: int,
        items_per_page: int,
```

```
    ) -> tuple[int, list[Note]]:
        raise NotImplementedError
```

데이터베이스에서 노트를 다루는 기능을 정의했다. 기본 CRUD 외에 노트에 달린 태그만 지우는 기능과 태그로 노트를 찾는 기능을 추가했다. 태그 삭제는 곧 확인하겠지만, 노트를 수정할 때 태그를 수정하지 않고 모두 지웠다가 다시 추가하기 위해서다.

9.2 애플리케이션 계층 구현

애플리케이션 계층은 `note_service` 모듈을 가진다. 이 모듈을 구현하기 전에 `dependency_injector`로 NoteRepository를 주입받을 수 있도록 먼저 컨테이너에 추가한다.

코드 9.3 **containers.py**

```
from dependency_injector import containers, providers
from user.application.user_service import UserService
from note.application.note_service import NoteService

from user.infra.repository.user_repo import UserRepository
from note.infra.repository.note_repo import NoteRepository


class Container(containers.DeclarativeContainer):
    wiring_config = containers.WiringConfiguration(
        packages=[
            "user",
            "note",     ❶
        ],
    )

    user_repo = providers.Factory(UserRepository)
    user_service = providers.Factory(UserService, user_repo=user_repo)
    note_repo = providers.Factory(NoteRepository)     ❷
    note_service = providers.Factory(NoteService, note_repo=note_repo)     ❷
```

❶ note 모듈 하위의 모듈에서 의존성을 주입할 수 있도록 한다.

❷ NoteRepository와 NoteService를 의존성 컨테이너에 추가했다.

NoteRepository는 인프라 영역에 있어야 하므로 현재의 구현은 빌드 에러를 일으킨다. 지금은 애플리케이션 계층의 구현에 집중하고 있으므로, 세부 구현은 잠시 미루어 두고 당분간 빌드 에러가

나지 않도록 해두자.

코드 9.4 **note/infra/repository/note_repo.py**

```python
from note.domain.note import Note
from note.domain.repository.note_repo import INoteRepository


class NoteRepository(INoteRepository):
    def get_notes(
        self,
        user_id: str,
        page: int,
        items_per_page: int,
    ) -> tuple[int, list[Note]]:
        raise NotImplementedError

    def find_by_id(self, user_id: str, id: str) -> Note:
        raise NotImplementedError

    def save(self, user_id: str, note: Note) -> Note:
        raise NotImplementedError

    def update(self, user_id: str, note: Note) -> Note:
        raise NotImplementedError

    def delete(self, user_id: str, id: str):
        raise NotImplementedError

    def delete_tags(self, user_id: str, id: str):
        raise NotImplementedError

    def get_notes_by_tag_name(
        self,
        user_id: str,
        tag_name: str,
        page: int,
        items_per_page: int,
    ) -> tuple[int, list[Note]]:
        raise NotImplementedError
```

이제 유스 케이스를 구현한다. Note의 CRUD 기능은 NoteService 클래스에서 다룬다. 코드 길이가 길기 때문에 차근차근 살펴보자. 먼저 노트를 검색하는 기능이다.

코드 9.5 note/application/note_service.py

```python
from ulid import ULID
from note.domain.note import Note
from note.domain.repository.note_repo import INoteRepository

class NoteService:
    def __init__(
        self,
        note_repo: INoteRepository,    ❶
    ):
        self.note_repo = note_repo
        self.ulid = ULID()

    def get_notes(    ❷
        self,
        user_id: str,
        page: int,
        items_per_page: int,
    ) -> tuple[int, list[Note]]:
        return self.note_repo.get_notes(
            user_id=user_id,
            page=page,
            items_per_page=items_per_page,
        )

    def get_note(self, user_id: str, id: str) -> Note:
        return self.note_repo.find_by_id(user_id, id)
```

❶ dependency_injector를 이용해 컨테이너에 추가해 둔 NoteRepository 객체를 주입받는다. ulid 모듈을 재활용하기 위해 클래스 변수로 선언했다.

❷ 노트 목록 조회와 특정 노트의 상세 조회 기능이다. 해당 유저의 노트만 검색할 수 있도록 인터페이스 계층에서 전달받을 user_id와 데이터를 이용했다. 그리고 앞서 작성한 저장소를 이용해 데이터베이스를 다룬다. 목록 조회에는 페이징을 위해 현재 페이지 번호와 한 페이지당 아이템 개수를 전달한다.

다음은 노트를 생성하는 기능이다.

코드 9.6 note/application/note_service.py

```python
from datetime import datetime
from note.domain.note import Tag
--생략--
```

```
class NoteService:
    --생략--

    def create_note(
        self,
        user_id: str,
        title: str,
        content: str,
        memo_date: str,
        tag_names: list[str] = [],   ❶
    ) -> Note:
        now = datetime.now()

        tags = [   ❶
            Tag(
                id=self.ulid.generate(),
                name=title,
                updated_at=now,
                created_at=now,
            )
            for title in tag_names
        ]

        note = Note(   ❷
            id=self.ulid.generate(),
            user_id=user_id,
            title=title,
            content=content,
            memo_date=memo_date,
            tags=tags,
            created_at=now,
            updated_at=now,
        )

        self.note_repo.save(user_id, note)   ❸

        return note   ❹
```

❶ 노트를 생성하는 외부 요청에는 태그 이름만 포함돼 있다고 가정한다. 따라서 태그를 애플리케이션에서 적당히 도메인 객체로 변환한다.

❷ 마찬가지로 노트 도메인 객체를 생성한다. tags에는 태그 서브도메인 객체를 포함하고 있다.

❸ 도메인 객체를 저장소로 전달해 데이터베이스에 저장한다.

❹ 노트 도메인 객체를 다시 반환해 인터페이스 계층에서 응답으로 내보낼 수 있도록 했다.

다음은 노트 업데이트와 삭제 기능이다.

코드 9.7 **note/application/note_service.py**

```python
class NoteService:
    --생략--

    def update_note(  ❶
        self,
        user_id: str,
        id: str,
        title: str | None = None,
        content: str | None = None,
        memo_date: str | None = None,
        tag_names: list[str] | None = [],
    ) -> Note:
        note = self.note_repo.find_by_id(user_id, id)
        if title:
            note.title = title
        if content:
            note.content = content
        if memo_date:
            note.memo_date = memo_date
        if tag_names is not None:  ❷
            now = datetime.now()
            note.tags = [
                Tag(
                    id=self.ulid.generate(),
                    name=title,
                    created_at=now,
                    updated_at=now,
                )
                for title in tag_names
            ]

        return self.note_repo.update(user_id, note)

    def delete_note(self, user_id: str, id: str):
        return self.note_repo.delete(user_id, id)
```

❶ 유저의 특정 노트를 업데이트하기 때문에 `user_id`와 노트의 `id`는 필수이지만, 그 외의 속성은 업데이트하고자 하는 속성만 값을 가지고 있다.

❷ `tag_names`는 리스트이기 때문에 다른 인수를 다루는 방식과는 달리 `if tag_names:`처럼 할 수 없다. `None`일 경우를 고려해야 한다. 즉, 요청에 `tag_names`가 포함돼 있으나 빈 배열일때는 태 그를 모두 삭제하고, 포함돼 있지 않을 경우(None)에는 기존 태그를 그대로 두어야 한다.

마지막으로 태그 이름으로 노트를 검색하는 기능이다. 역시 페이징이 적용돼 있다.

코드 9.8 note/application/note_service.py

```python
class NoteService:
    --생략--

    def get_notes_by_tag(
        self,
        user_id: str,
        tag_name: str,
        page: int,
        items_per_page: int,
    ) -> tuple[int, list[Note]]:
        return self.note_repo.get_notes_by_tag_name(
            user_id=user_id,
            tag_name=tag_name,
            page=page,
            items_per_page=items_per_page,
        )
```

9.3 인터페이스 계층 구현

노트의 CRUD 유스 케이스를 호출하는 컨트롤러를 만들 차례다. note_controller 모듈은 외부로
부터 요청이 전달되는 엔드포인트 함수를 가진다. 이 컨트롤러를 만들고 FastAPI 애플리케이션 객
체에 라우터로 등록한다.

코드 9.9 note/interface/controllers/note_controller.py

```python
from fastapi import APIRouter
from pydantic import BaseModel

router = APIRouter(prefix="/notes")

class NoteResponse(BaseModel):
    pass
```

코드 9.10 main.py

```python
from user.interface.controllers.user_controller import router as user_routers
from note.interface.controllers.note_controller import router as note_routers

app = FastAPI()
```

```
app.container = Container()

app.include_router(user_routers)
app.include_router(note_routers)

--생략--
```

9.3.1 노트 생성

노트를 생성하는 API 먼저 구현하자. 노트는 유저의 리소스이므로, 유저는 로그인을 해서 얻은 JWT로 요청해야 한다. 그리고 컨트롤러는 토큰으로부터 유저 ID를 구해서 전달한다.

코드 9.11 **note/interface/controllers/note_controller.py**

```
from dataclasses import asdict
from dependency_injector.wiring import inject, Provide
from datetime import datetime
from typing import Annotated
from fastapi import APIRouter, Depends
from pydantic import BaseModel, Field
from common.auth import CurrentUser, get_current_user
from note.application.note_service import NoteService
from containers import Container
--생략--

class NoteResponse(BaseModel):    ❶
    id: str
    user_id: str
    title: str
    content: str
    memo_date: str
    tags: list[str]    ❸
    created_at: datetime
    updated_at: datetime

class CreateNoteBody(BaseModel):    ❷
    title: str = Field(min_length=1, max_length=64)
    content: str = Field(min_length=1)
    memo_date: str = Field(min_length=8, max_length=8)
    tags: list[str] | None = Field(    ❸
        default=None, min_length=1, max_length=32,
    )

@router.post("", status_code=201, response_model=NoteResponse)    ❶
@inject    ❹
```

```
def create_note(
    current_user: Annotated[CurrentUser, Depends(get_current_user)],
    body: CreateNoteBody,  ❷
    note_service: NoteService = Depends(Provide[Container.note_service]),  ❹
):
    note = note_service.create_note(  ❺
        user_id=current_user.id,
        title=body.title,
        content=body.content,
        memo_date=body.memo_date,
        tag_names=body.tags if body.tags else [],
    )

    response = asdict(note)  ❻
    response.update({"tags": [tag.name for tag in note.tags]})  ❼

    return response
```

❶ 생성된 노트의 파이단틱 응답 모델. 도메인 모델과 비교해 딱히 응답에서 숨겨야 할 데이터는 없다.

❷ 요청 본문에 대한 파이단틱 모델. 각 속성에 맞게 길이나 초깃값을 가진다.

❸ 외부와의 인터페이스에서 tags는 문자열 리스트다.

❹ dependency-injector로부터 NoteService 객체를 주입받는다.

❺ 주입받은 NoteService로 유스 케이스를 호출한다.

❻ dataclass는 asdict 함수를 이용해 손쉽게 딕셔너리로 변환할 수 있다.

❼ 응답 요구 사항에 맞게 변환한다.

NOTE 생성할 노트 데이터를 외부로부터 전달받거나 생성된 결과를 외부로 내보낼 때, 태그의 데이터 타입이 우리가 정의한 도메인 모델과 불일치한다. 이는 아주 흔한 일이다. 클라이언트의 구현 편의성을 위해서이거나 또는 레거시 코드에 맞춰야 할 때도 있다. 또 만약 외부의 API를 이용한다면 API 호출과 응답을 변환해서 써야 할 것이다. 이런 데이터 가공을 위해 매퍼mapper를 따로 구현하기도 한다. 이 책에서는 매퍼의 역할을 그냥 컨트롤러에서 직접 처리한다.

9.3.2 노트 목록 조회/노트 상세 조회

노트 목록 조회 API는 페이징을 위해 page와 items_per_page를 쿼리 매개변수로 전달받는다.

코드 9.12 note/interface/controllers/note_controller.py

```
class GetNotesResponse(BaseModel):  ❶
    total_count: int
```

```
        page: int
        notes: list[NoteResponse]

@router.get("", response_model=GetNotesResponse)
@inject
def get_notes(
    page: int = 1,
    items_per_page: int = 10,
    current_user: CurrentUser = Depends(get_current_user),
    note_service: NoteService = Depends(Provide[Container.note_service]),
):
    total_count, notes = note_service.get_notes(
        user_id=current_user.id,
        page=page,
        items_per_page=items_per_page,
    )

    res_notes = []
    for note in notes:
        note_dict = asdict(note)
        note_dict.update({"tags": [tag.name for tag in note.tags]})  ❷
        res_notes.append(note_dict)

    return {
        "total_count": total_count,
        "page": page,
        "notes": res_notes,
    }
```

❶ 목록 조회에 대한 파이단틱 응답 모델. NoteResponse를 다시 활용한다.

❷ 마찬가지로 태그는 데이터를 따로 매핑해야 한다.

노트 상세 조회는 경로 매개변수로 조회할 노트 ID를 전달받는다.

코드 9.13 note/interface/controllers/note_controller.py

```
@router.get("/{id}", response_model=NoteResponse)
@inject
def get_note(
    id: str,
    current_user: Annotated[CurrentUser, Depends(get_current_user)],
    note_service: NoteService = Depends(Provide[Container.note_service]),
):
    note = note_service.get_note(
        user_id=current_user.id,
```

```
            id=id,
    )

    response = asdict(note)
    response.update({"tags": [tag.name for tag in note.tags]})

    return response
```

9.3.3 노트 업데이트

노트 업데이트 API도 업데이트하고자 하는 노트의 ID를 경로 매개변수로 전달받는다. 또, 업데이트할 항목을 본문으로 전달받는데, 이에 대한 파이단틱 모델을 따로 정의한다.

코드 9.14 note/interface/controllers/note_controller.py

```
class UpdateNoteBody(BaseModel):    ❶
    title: str | None = Field(default=None, min_length=1, max_length=64)
    content: str | None = Field(default=None, min_length=1)
    memo_date: str | None = Field(default=None, min_length=8, max_length=8)
    tags: list[str] | None = Field(default=None)


@router.put("/{id}", response_model=NoteResponse)
@inject
def update_note(
    id: str,    ❷
    current_user: Annotated[CurrentUser, Depends(get_current_user)],
    body: UpdateNoteBody,
    note_service: NoteService = Depends(Provide[Container.note_service]),
):
    note = note_service.update_note(
        user_id=current_user.id,
        id=id,
        title=body.title,
        content=body.content,
        memo_date=body.memo_date,
        tag_names=body.tags,
    )

    response = asdict(note)
    response.update({"tags": [tag.name for tag in note.tags]})    ❸

    return response
```

❶ 업데이트 API의 본문에 대한 파이단틱 모델. 본문은 업데이트하고자 하는 항목만 포함한다. 따

라서, 만약 `null`이 전달되면 업데이트하지 않고 기존 데이터를 유지한다.

❷ 경로 매개변수를 주입받았다.

❸ 역시 응답에는 태그 이름을 문자열 리스트로 가공해서 전달해야 한다.

9.3.4 노트 삭제

노트 삭제 API 역시 노트 ID가 필요하다. 이 역시 경로 매개변수로 전달받는다. 삭제 API의 HTTP 응답 코드는 204로 한다.

코드 9.15 note/interface/controllers/note_controller.py

```python
@router.delete("/{id}", status_code=204)
@inject
def delete_note(
    id: str,
    current_user: Annotated[CurrentUser, Depends(get_current_user)],
    note_service: NoteService = Depends(Provide[Container.note_service]),
):
    note_service.delete_note(
        user_id=current_user.id,
        id=id,
    )
```

9.3.5 태그 이름으로 노트 검색

태그 이름으로 노트를 검색하기 위한 라우터 함수를 만든다. 이전 API들과 마찬가지로 API를 사용 권한이 있는 유저와 노트 서비스와 페이징을 위한 쿼리 매개변수를 주입받는다.

코드 9.16 note/interface/controllers/note_controller.py

```python
@router.get("/tags/{tag_name}/notes", response_model=GetNotesResponse)  ❶
@inject
def get_notes_by_tag(
    tag_name: str,
    page: int = 1,  ❷
    items_per_page: int = 10,  ❷
    current_user: CurrentUser = Depends(get_current_user),
    note_service: NoteService = Depends(Provide[Container.note_service]),
):
    total_count, notes = note_service.get_notes_by_tag(
        user_id=current_user.id,
        tag_name=tag_name,
```

```
        page=page,
        items_per_page=items_per_page,
    )

    res_notes = []  ❸
    for note in notes:
        note_dict = asdict(note)
        note_dict.update({"tags": [tag.name for tag in note.tags]})
        res_notes.append(note_dict)

    return {
        "total_count": total_count,
        "page": page,
        "notes": res_notes,
    }
```

❶ 검색하고자 하는 태그 이름을 경로 매개변수로 전달받는다.

❷ 같은 태그 이름을 가지는 노트가 많을 수 있기 때문에 페이징을 적용한다.

❸ 다른 API와 마찬가지로 `tags`를 응답에 맞는 형태로 변환한다.

9.4 인프라 계층 구현

마지막으로 데이터베이스를 다루는 인프라 계층을 구현한다. 가장 먼저 해야 할 일은 데이터베이스 모델을 생성하고, SQLAlchemy로 테이블을 만드는 일이다.

9.4.1 Note, Tag 테이블 모델링

노트의 데이터베이스 모델을 만들기 전에 고려할 사항이 있다. `Note`의 `tags`는 해시태그를 뜻한다. 노트는 여러 개의 해시태그를 가질 수 있다. 또한 같은 해시태그를 여러 노트에 달 수도 있다. 이는 다대다 관계를 뜻한다. 단순히 `Note`에 `tags` 필드를 텍스트형으로 선언하고, 콤마와 같은 구분자로 구분할 수 있는 텍스트(`TAG1`, `TAG2`)를 저장할 수도 있다(더군다나 외부와의 인터페이스에는 문자열 목록으로 돼 있다!). 하지만 이 방법은 노트가 가지는 태그를 알고자 할 때는 전혀 문제가 되지 않지만, 같은 태그를 가진 노트 목록을 얻고자 할 때는 모든 노트를 순회해야 하므로 성능 문제가 발생한다.

따라서 태그를 별도의 테이블로 분리하고 노트 테이블과 다대다 관계를 맺도록 하면 좋다. 다대다 관계를 나타내기 위해서는 두 테이블을 이어주는 매핑 테이블이 필요하다.

```python
from database import Base
from datetime import datetime
from sqlalchemy import String, DateTime, Text, Table, Column, ForeignKey, UniqueConstraint
from sqlalchemy.orm import relationship

note_tag_association = Table(  ❶
    "Note_Tag",
    Base.metadata,
    Column("note_id", String(36), ForeignKey("Note.id")),
    Column("tag_id", String(36), ForeignKey("Tag.id")),
)

class Note(Base):
    __tablename__ = "Note"

    id = Column(String(36), primary_key=True)
    user_id = Column(String(36), nullable=False, index=True)
    title = Column(String(64), nullable=False)
    content = Column(Text, nullable=False)
    memo_date = Column(String(8), nullable=False)
    created_at = Column(DateTime, nullable=False, default=datetime.utcnow)
    updated_at = Column(
        DateTime, nullable=False, default=datetime.utcnow, onupdate=datetime.utcnow
    )

    tags = relationship(  ❷
        "Tag",
        secondary=note_tag_association,
        back_populates="notes",
    )

class Tag(Base):  ❸
    __tablename__ = "Tag"

    id = Column(String(36), primary_key=True)
    name = Column(String(64), nullable=False, unique=True)
    created_at = Column(DateTime, nullable=False, default=datetime.utcnow)
    updated_at = Column(
        DateTime, nullable=False, default=datetime.utcnow, onupdate=datetime.utcnow
    )

    notes = relationship(  ❹
        "Note",
        secondary=note_tag_association,
        back_populates="tags",
    )
```

❶ 노트와 태그의 다대다 관계를 나타내기 위한 연결 테이블이다.

❷ SQLAlchemy가 제공하는 relationship 함수를 이용해 다대다 관계를 맺는다. back_populates 옵션을 이용해 노트 객체를 가져올 때 연관된 태그 객체도 모두 가져온다.

❸ Tag 테이블을 따로 선언했다. 아이디, 태그, 생성 및 업데이트 시각을 가진다.

❹ 다대다 설정을 한다. 역시 back_populates를 이용해 태그를 가져올 때 관련한 노트를 가져올 수 있다.

back_populates는 SQLAlchemy에서 모델 간의 양방향 관계를 설정할 때 사용되는 편리한 기능이다. 이는 관계형 데이터베이스의 두 테이블 간의 관계를 양방향으로 쿼리할 때 사용된다. 이를 통해 한쪽에서 쿼리할 때, 다른 쪽의 관련 정보를 쉽게 얻을 수 있다. 즉, 노트를 조회하면 태그도 함께 얻을 수 있고, 태그를 조회할 때도 노트를 함께 조회할 수 있다.

9.4.2 테이블 마이그레이션

새로 만든 모델에 대한 테이블을 생성한다. Alembic 사용법이 생각나지 않는다면 3.4절을 다시 참조하자. 몇 번 하다 보면 금방 손이 기억하게 된다. 가장 먼저 할 일은 리비전 파일을 생성하는 일이다. 하지만 이를 위해서는 database_models 모듈에 노트 모델을 알려주어야 한다.

코드 9.18 database_models.py

```
import user.infra.db_models.user
import note.infra.db_models.note
```

이제 alembic 명령어로 리비전 파일을 생성한다.

```
(fastapi-ca-py3.11) $ alembic revision --autogenerate -m "add Note, Tag"
```

새로운 리비전 파일이 만들어졌다.

코드 9.19 migrations/versions/2023_12_01_2216-251047f6ffdf_add_note_tag.py

```
--생략--
def upgrade() -> None:  ❶
    op.create_table(
        "Note",
        --생략--
    )
```

```
    op.create_table(
        "Tag",
        --생략--
    )
    op.create_table(
        "Note_Tag",
        --생략--
        sa.ForeignKeyConstraint(['note_id'], ['Note.id'], ),    ❷
        sa.ForeignKeyConstraint(['tag_id'], ['Tag.id'], )    ❷
    )
def downgrade() -> None:    ❸
    op.drop_table("Note_Tag")
    op.drop_table("Tag")
    op.drop_table("Note")
```

❶ 리비전 적용 시 추가한 세 개의 테이블을 생성하고, 롤백 시 삭제하는 코드가 작성돼 있다.

❷ 두 테이블을 이어주는 연결 테이블에 외래키가 생성된다.

❸ downgrade 함수는 업그레이드할 때 생성된 테이블을 순서대로 삭제하여 데이터베이스를 원래 상태로 되돌린다. 이때, 참조 관계가 있는 테이블(Note_Tag)을 먼저 삭제한 후 그 관계를 가지는 테이블(Tag, Note)을 삭제한다.

리비전 파일을 최신으로 적용한다.

```
(fastapi-ca-py3.11) $ alembic upgrade head
```

테이블이 잘 생성됐는지 확인해보면 스키마에 정의한 대로 잘 생성돼 있다.

```
mysql> show tables;
+---------------------+
| Tables_in_fastapi-ca |
+---------------------+
| Note                |
| Note_Tag            |
| Tag                 |
| User                |
| alembic_version     |
+---------------------+
```

```
mysql> describe Note;
+------------+-------------+------+-----+---------+-------+
| Field      | Type        | Null | Key | Default | Extra |
+------------+-------------+------+-----+---------+-------+
| id         | varchar(36) | NO   | PRI | NULL    |       |
| user_id    | varchar(36) | NO   |     | NULL    |       |
| title      | varchar(64) | NO   |     | NULL    |       |
| content    | text        | NO   |     | NULL    |       |
| memo_date  | varchar(8)  | NO   |     | NULL    |       |
| created_at | datetime    | NO   |     | NULL    |       |
| updated_at | datetime    | NO   |     | NULL    |       |
+------------+-------------+------+-----+---------+-------+

mysql> describe Note_Tag;
+---------+-------------+------+-----+---------+-------+
| Field   | Type        | Null | Key | Default | Extra |
+---------+-------------+------+-----+---------+-------+
| note_id | varchar(36) | YES  | MUL | NULL    |       |
| tag_id  | varchar(36) | YES  | MUL | NULL    |       |
+---------+-------------+------+-----+---------+-------+
2 rows in set (0.01 sec)

mysql> describe Tag;
+------------+-------------+------+-----+---------+-------+
| Field      | Type        | Null | Key | Default | Extra |
+------------+-------------+------+-----+---------+-------+
| id         | varchar(36) | NO   | PRI | NULL    |       |
| name       | varchar(64) | NO   | UNI | NULL    |       |
| created_at | datetime    | NO   |     | NULL    |       |
| updated_at | datetime    | NO   |     | NULL    |       |
+------------+-------------+------+-----+---------+-------+
```

alembic_version 테이블을 조회하면 최신의 리비전으로 적용돼 있음을 확인할 수 있다.

```
mysql> SELECT * FROM alembic_version;
+--------------+
| version_num  |
+--------------+
| 251047f6ffdf |
+--------------+
```

9.4.3 노트 저장소: 노트 조회

테이블을 생성했으니 이제 테이블에 담을 데이터를 다루는 저장소를 작성해야 한다. 현재 구현체
는 모두 런타임 에러가 발생하게 돼 있다. 이 부분을 유스 케이스가 원하는 코드로 바꾸자.

먼저 데이터베이스에서 노트를 조회하는 기능을 구현한다.

코드 9.20 **note/infra/repository/note_repo.py**

```
--생략--

from fastapi import HTTPException
from sqlalchemy.orm import joinedload     ❶
from database import SessionLocal
from note.domain.note import Note as NoteVO
from note.domain.repository.note_repo import INoteRepository
from note.infra.db_models.note import Note, Tag
from utils.db_utils import row_to_dict

class NoteRepository(INoteRepository):
    def get_notes(
        self,
        user_id: str,
        page: int,
        items_per_page: int,
    ) -> tuple[int, list[NoteVO]]:
        with SessionLocal() as db:
            query = (
                db.query(Note)
                .options(joinedload(Note.tags))     ❶
                .filter(Note.user_id == user_id)
            )

            total_count = query.count()
            notes = (
                query.offset((page - 1) * items_per_page)
                .limit(items_per_page).all()
            )

        note_vos = [NoteVO(**row_to_dict(note)) for note in notes]

        return total_count, note_vos

    def find_by_id(self, user_id: str, id: str) -> NoteVO:
        with SessionLocal() as db:
            note = (
                db.query(Note)
```

```
                .options(joinedload(Note.tags))    ❶
                .filter(Note.user_id == user_id, Note.id == id)
                .first()
        )
        if not note:
            raise HTTPException(status_code=422)

        return NoteVO(**row_to_dict(note))
```

❶ joinedload 함수를 이용해 조회할 때 연관 테이블의 데이터를 함께 가져온다.

joinedload 또는 subqueryload와 같은 로딩 옵션은 테이블을 조인 또는 서브쿼리를 통해 데이터를 미리 가져오겠다는 의미다. 이를 적용하지 않으면 DetachedInstanceError 에러가 발생하는데, 이는 노트 데이터를 먼저 가져오고 나서, 태그 데이터를 읽으려 할 때 세션이 끊어진 상태가 돼 태그를 가져올 수 없는 상태라는 뜻이다. 이는 **레이지 로딩**lazy loading[1]과 관련이 있다.

즉, 노트를 조회해서 얻은 결과에서 태그를 읽을 필요가 없는 경우라면 태그를 가져오지 않아도 되는 것이다. 그렇다면 위 코드는 항상 조인 연산으로 모든 데이터를 가져오므로 성능이 저하된다. 레이지 로딩을 적용하려면, 모델을 손봐야 한다.

코드 9.21 **note/infra/db_models/note.py**

```
class Note(Base):
--생략--
    tags = relationship(
        "Tag",
        secondary=note_tag_association,
        back_populates="notes",
        lazy="joined",    ❶
    )

class Tag(Base):
--생략--
    notes = relationship(
        "Note",
        secondary=note_tag_association,
        back_populates="tags",
        lazy="joined",    ❶
    )
```

---

1   필요한 데이터가 연관된 다른 테이블에 있을 때, 그 데이터가 필요한 시점에 쿼리가 실행되는 방식이다. 레이지 로딩을 적용하면 불필요한 연산을 줄인다.

❶ 레이지 로딩을 적용했다. 두 테이블의 조인 연산이 필요할 때 수행한다.

9.4.4 노트 저장소: 노트 생성

다음으로 노트를 생성해 데이터베이스에 저장하는 저장소 기능을 구현한다. 역시 마찬가지로 노트의 권한을 가진 유저 ID와 노트 생성에 필요한 데이터를 노트 도메인 객체로 전달받는다.

코드 9.22 note/infra/repository/note_repo.py

```python
class NoteRepository(INoteRepository):
--생략--

    def save(self, user_id: str, note_vo: NoteVO):
        with SessionLocal() as db:
            tags: list[Tag] = []
            for tag in note_vo.tags:  ❶
                existing_tag = db.query(Tag).filter(Tag.name == tag.name).first()
                if existing_tag:
                    tags.append(existing_tag)
                else:
                    tags.append(
                        Tag(
                            id=tag.id,
                            name=tag.name,
                            created_at=tag.created_at,
                            updated_at=tag.updated_at,
                        )
                    )

            new_note = Note(
                id=note_vo.id,
                user_id=user_id,
                title=note_vo.title,
                content=note_vo.content,
                memo_date=note_vo.memo_date,
                tags=tags,
                created_at=note_vo.created_at,
                updated_at=note_vo.updated_at,
            )

            db.add(new_note)
            db.commit()
```

❶ 태그의 이름(name)은 여러 노트가 참조하며 유일한 값을 가진다. 따라서 같은 태그를 새로 생성하려고 하면 에러가 발생하기 때문에 기존 태그를 찾아서 대체한다.

중복 태그를 걸러내는 방법에서 위 구현은 생성하려는 노트의 태그 개수만큼 쿼리가 발생한다. 즉 N+1 문제가 생긴다.

NOTE N+1 문제 **N+1 문제**는 데이터베이스에서 쿼리를 실행할 때 발생하는 성능 이슈를 말한다. 이는 한 번의 쿼리로 가져온 데이터와 관련된 N개의 객체를 조회할 때, 추가로 N번의 쿼리를 실행하는 상황을 의미한다. 이에 따라 불필요한 데이터베이스 호출이 발생해 성능이 저하되는데, 이를 해결하기 위해 데이터를 미리 로드하거나 쿼리를 최적화하는 등의 방법이 사용된다.

이렇게 하지 않으려면 모든 태그 목록을 먼저 구하고 생성하려는 태그가 이 목록에 있는지 판별해야 한다. 이는 태그 개수가 많아졌을 때 목록을 가져오는 데 시간이 오래 걸린다. 필자는 노트에 달리는 태그의 수가 많지 않다고 해서 위와 같이 구현했다.

9.4.5 노트 저장소: 노트 업데이트

노트를 업데이트할 때는 기존 태그를 지우고 새로 추가한다. 만약 같은 태그를 참조하고 있는 노트가 없다면 기존 태그는 고아orphan가 된다. 따라서 이를 방지하기 위함이다. 고아가 된 태그도 그대로 두고 관리하기로 했다면 굳이 따로 지울 필요는 없다.

코드 9.23 **note/infra/repository/note_repo.py**

```python
class NoteRepository(INoteRepository):
--생략--

    def update(self, user_id: str, note_vo: NoteVO) -> NoteVO:
        with SessionLocal() as db:
            self.delete_tags(user_id, note_vo.id)  ❶

            note = (
                db.query(Note)
                .filter(Note.user_id == user_id, Note.id == note_vo.id)
                .first()
            )
            if not note:
                raise HTTPException(status_code=422)

            note.title = note_vo.title
            note.content = note_vo.content
            note.memo_date = note_vo.memo_date

            tags: list[Tag] = []  ❷
            for tag in note_vo.tags:
                existing_tag = db.query(Tag).filter(Tag.name == tag.name).first()
```

```
                if existing_tag:
                    tags.append(existing_tag)
                else:
                    tags.append(
                        Tag(
                            id=tag.id,
                            name=tag.name,
                            created_at=tag.created_at,
                            updated_at=tag.updated_at,
                        )
                    )

            note.tags = tags

            db.add(note)
            db.commit()

            return NoteVO(**row_to_dict(note))

    def delete_tags(self, user_id: str, id: str):   ❶
        with SessionLocal() as db:
            note = db.query(Note).filter(
                Note.user_id == user_id, Note.id == id
            ).first()
            if not note:
                raise HTTPException(status_code=422)

            note.tags = []
            db.add(note)
            db.commit()

            unused_tags = db.query(Tag).filter(~Tag.notes.any()).all()   ❸
            for tag in unused_tags:
                db.delete(tag)

            db.commit()
```

❶ 노트에 있는 태그를 모두 지운다.

❷ 노트 생성 때와 마찬가지로 중복태그를 걸러낸다.

❸ 노트의 태그를 삭제하고 나서 고아가 된(즉, 노트에 연결돼 있지 않은) 태그를 찾아서 삭제한다.

9.4.6 노트 저장소: 노트 삭제

데이터베이스에서 노트를 삭제하는 기능은 간단히 인수로 전달된 ID를 가진 노트를 삭제한다. 그 전에 해당 유저의 노트인지 검사한다.

코드 9.24 note/infra/repository/note_repo.py

```python
class NoteRepository(INoteRepository):
--생략--

    def delete(self, user_id: str, id: str):
        with SessionLocal() as db:
            self.delete_tags(user_id, id)    ❶

            note = db.query(Note).filter(
                Note.user_id == user_id, Note.id == id
            ).first()
            if not note:
                raise HTTPException(status_code=422)

            db.delete(note)    ❷
            db.commit()
```

❶ 노트에 있는 태그를 먼저 삭제한다.

❷ 그 후 `id`에 해당하는 노트를 찾아서 삭제한다.

9.4.7 노트 저장소: 태그명으로 노트 조회

다음으로 주어진 태그명과 페이징 변수를 이용해 노트 목록을 데이터베이스에서 조회한다. 역시 해당 유저가 생성한 노트를 대상으로 한다.

코드 9.25 note/infra/repository/note_repo.py

```python
class NoteRepository(INoteRepository):
--생략--

    def get_notes_by_tag_name(
        self,
        user_id: str,
        tag_name: str,
        page: int,
        items_per_page: int,
    ) -> tuple[int, list[NoteVO]]:
        with SessionLocal() as db:
            tag = db.query(Tag).filter_by(name=tag_name).first()

            if not tag:
```

```
            return 0, []  ❶

        query = (
            db.query(Note)
            # .options(joinedload(Note.tags))
            .filter(
                Note.user_id == user_id,
                Note.tags.any(id=tag.id),  ❷
            )
        )

        total_count = query.count()
        notes = (
            query.offset((page - 1) * items_per_page).limit(items_per_page).all()
        )  ❸

    note_vos = [NoteVO(**row_to_dict(note)) for note in notes]

    return total_count, note_vos
```

❶ 태그 이름에 해당하는 태그가 없을 경우

❷ 찾은 태그를 가지고 있는 노트를 모두 조회한다.

❸ 페이징을 적용한다.

노트와 관련한 유스 케이스를 모두 구현했다. 각자 OpenAPI나 curl 등을 이용해 잘 동작하는지 테스트해보자.

9.5 마무리

이 장에서는 TIL 서비스의 기능을 확장해 유저 앱과 같은 구조를 가지는 노트 앱을 만들었다. 노트 앱 역시 클린 아키텍처를 적용하였으므로 네 개의 계층을 가진다. 또한 이 과정에서 연관 관계에 있는 두 개의 리소스를 다루는 방법도 알아보았다. 노트 앱을 구현하면서 더욱 클린 아키텍처에 익숙해졌으리라 생각한다.

다음 장에서는 FastAPI에서 백그라운드 작업을 어떻게 할 수 있는지 살펴본다.

## CHAPTER 10

백그라운드 작업: 환영 이메일 발송

서비스를 운영하다 보면 여러 가지 이유로 백그라운드 작업을 처리할 일이 생긴다. 예를 들어 다음과 같은 것들이 있다.

- **이메일 전송**

  사용자가 이메일을 작성하고 전송 버튼을 누르는 시나리오를 생각해보자. 사용자에게는 이메일 발송 요청을 받는 즉시 '이메일이 전송되었습니다' 메시지를 보여주고, 실제 전송은 백그라운드에서 수행한다.

- **파일 처리**

  대용량 데이터의 업로드, 다운로드 작업을 백그라운드로 수행할 수 있다. 예를 들어 대용량의 파일을 서버로 업로드한 후 내용을 읽어서 처리하는 데에 시간이 오래 걸리는 작업이 있다고 하면, 사용자를 작업이 끝날 때까지 무작정 기다리게 할 수 없다. 더군다나 HTTP 통신을 하는 서버는 일반적으로 시간이 오래 걸리면 타임아웃 에러가 난다. 또 대용량의 데이터를 파일로 다운로드 하는 경우도 마찬가지다. 데이터를 정제해서 파일을 압축해서 내려주는 작업을 백그라운드로 수행하고, 수행 결과를 다른 방식(예를 들어 이메일로 다운로드 링크를 전달하는 방식)으로 전달한다.

- **알림 전송**

  사용자의 알림 요청(푸시 알림, SMS 등)을 받으면, 실시간으로 알림을 보내기보다는 백그라운드에서 해당 알림을 전송하는 작업을 처리할 수 있다. 이는 요청에 대한 백그라운드라기보다는 주기적 **배치**batch 작업에 가깝다.

- **외부 서비스와의 상호작용**

  외부 API를 호출하거나 웹 크롤링과 같이 외부 서비스와 상호작용을 할 때 백그라운드 작업을 활용할 수 있다. 이를 통해 서버의 응답 시간을 최적화하고, 외부 서비스의 응답을 기다리는 동안 다른 작업을 수행할 수 있다.

이 장에서는 FastAPI로 서버를 개발할 때 적용할 수 있는 백그라운드 작업 방식을 다룬다. 사용자가 회원 가입을 했을 때 환영 이메일을 보내는 작업을 백그라운드로 처리하는 예를 구현해본다. 먼저 FastAPI에서 제공하는 `BackgroundTasks` 클래스를 이용해 간단히 구현하는 방법을 살펴보고, 더욱 조금 더 전문적이고 상용 서비스에 적용할 수 있는 방법인 셀러리를 이용한 메시지 큐 시스템을 적용하는 방법을 알아본다.

10.1 BackgroundTasks

먼저 FastAPI에 포함된 `BackgroundTasks`의 개념에 대해 살펴보고 이를 이용해 백그라운드 작업을 수행하는 방법을 살펴본다. 먼저 간단한 작업을 구현한 예를 살펴보고, 이메일을 백그라운드로 전송하는 작업에 적용한다.

10.1.1 BackgroundTasks란?

`BackgroundTasks`는 FastAPI에서 제공하는 도우미 클래스다. 이 클래스를 사용하면 클라이언트로부터 요청을 받은 후 작업을 백그라운드에서 수행할 수 있다. 앞의 예에서 보았듯이 HTTP 요청을 처리할 때 작업이 오래 걸리거나 비동기적으로 처리해야 하는 경우 클라이언트에게 즉시 응답을 보내고 작업을 백그라운드에서 처리하고 싶을 수 있다. 이렇게 처리하면 클라이언트의 사용성이 나아진다. 즉, 요청이 완료되기를 기다리지 않고 다른 작업을 이어서 할 수 있다.

`BackgroundTasks` 클래스를 사용하면 FastAPI 앱에서 이러한 작업을 손쉽게 처리할 수 있다. 다음 예에서 보겠지만, 엔드포인트 함수의 매개변수로 주입받아 사용하고 FastAPI가 나머지를 처리하도록 할 수 있다. 마치 `Request` 객체를 직접 주입받아 사용할 때와 마찬가지다.

HTTP 요청을 받은 후에 어떤 작업을 백그라운드에서 처리하고 싶다면, 해당 작업을 Background Tasks 객체에 추가한다. 그리고 요청에 대한 응답을 즉시 보내고 등록된 백그라운드 작업을 BackgroundTasks에게 맡긴다. 그 작업은 이제 백그라운드에서 처리된다.

간단한 예를 먼저 들어보자.

코드 10.1 **example/ch10_01/background_task.py**

```python
import asyncio

from fastapi import APIRouter, BackgroundTasks

router = APIRouter(prefix="/bg-task-test")

async def perform_task(task_id: int):    ❶
    await asyncio.sleep(3)    ❷
    print(f"{task_id}번 태스크 수행 완료!")

@router.post("")
def create_task(task_id: int, background_tasks: BackgroundTasks):    ❸
    background_tasks.add_task(perform_task, task_id)    ❹
    return {"message": "태스크가 생성되었습니다"}    ❺
```

❶ 백그라운드로 수행되는 작업을 정의한다. 이 작업은 단순히 전달한 작업 ID를 출력한다.

❷ 시간이 오래 걸리는 작업을 모의하기 위해 3초간 대기한다.

❸ BackgroundTasks 객체를 주입받는다.

❹ 백그라운드 작업을 추가한다. add_task의 첫 번째 인수는 수행할 태스크 함수이고, 두 번째 터는 그 함수에 전달할 인수들이다.

❺ 즉시 응답을 보낸다.

이제 /example/bg-tasks 엔드포인트로 요청을 보내면, 태스크가 생성되었다는 응답은 즉시 돌려받고 약 3초 후에 태스크가 수행되었다는 결과가 출력되는 것을 확인할 수 있다.

BackgroundTasks 클래스는 starlette.background 모듈에서 제공한다. FastAPI에 포함돼 있으므로 fastapi 모듈에서 가져와 사용할 수 있다. starlette.background의 BackgroundTask(끝에 's'가 없음)를 실수로 가져오지 않도록 한다. FastAPI에서 여전히 BackgroundTask만을 사용하는 것도 가능하지만, 이때는 **스탈렛**Starlette이 제공하는 Response를 반환해야 한다. 이와 관련해 자세한 사항은 스탈렛 공식 문서[1]를 참고하라.

NOTE 주의 사항[2] 만약 오래 걸리는 연산을 백그라운드에서 수행해야 하지만 동일한 프로세스에서 실행할 필요가 없는 경우(예를 들어, 메모리, 변수 등을 공유할 필요가 없는 경우)라면, 셀러리와 같은 다른 도구(다음 절에서 배운다)를 사용하는 것이 유용할 수 있다.

이러한 도구들은 설정이 더 복잡하고 RabbitMQ 또는 레디스와 같은 메시지/작업 큐 관리자가 필요하지만, 여러 프로세스와 특히 여러 서버에서 백그라운드 작업을 실행할 수 있도록 해준다.

하지만 동일한 FastAPI 앱에서 변수와 객체에 접근해야 하거나, 이메일 알림 보내기와 같이 작은 백그라운드 작업을 수행할 때는 단순히 `BackgroundTasks`를 사용하는 것이 좋다.

10.1.2 BackgroundTasks로 이메일 전송

이제 TIL 서비스에 백그라운드 작업을 적용해본다. 사용자가 가입하였을 때 환영 이메일을 전송하는 기능을 구현해보자. 이메일 시스템을 구축하는 일은 간단한 작업이 아니므로, 이 책에서는 간단하게 각자가 가진 구글 계정을 이용해 메일을 전송하는 방법을 소개한다.

먼저 구글 계정의 2단계 인증이 활성화돼 있어야 한다. [계정]→[보안]→[2단계 인증][3]에서 2단계 인증을 활성화한다.

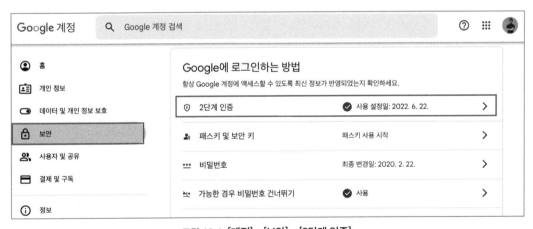

그림 10-1 [계정]→[보안]→[2단계 인증]

다음으로 지메일이 사용할 앱 비밀번호를 생성한다. 앱 비밀번호는 이메일 계정의 보안을 위한 장치인데, 사용자의 로그인 비밀번호를 이용하지 않고 특정 앱에 따로 비밀번호를 생성해서 권한을

---

1   https://www.starlette.io/background/
2   공식 문서(https://fastapi.tiangolo.com/tutorial/background-tasks/#caveat)를 참고했다.
3   https://myaccount.google.com/security?hl=ko

부여하는 방식이다. 앱 비밀번호는 2단계 인증 메뉴의 하단에 있는 하위 메뉴에서 생성할 수 있다.

[앱 비밀번호]를 클릭한다.

그림 10-2 **[2단계 인증]→[앱 비밀번호]**

혹은 다음과 같이 '앱 비밀번호'를 검색한다.

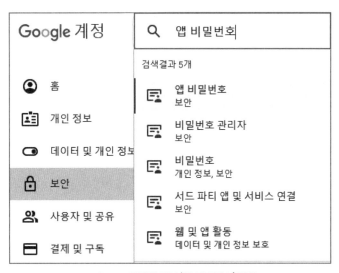

그림 10-3 **검색창에서 '앱 비밀번호' 검색**

앱 비밀번호 메뉴를 클릭하면 현재 사용하고 있는 앱 비밀번호 목록이나 앱 비밀번호가 없다고 표시된다. 새로운 앱(TIL 서비스)에서 사용할 앱 비밀번호를 생성하기 위해 앱 이름을 원하는 것으로 입력한 후 [확인] 버튼을 누른다.

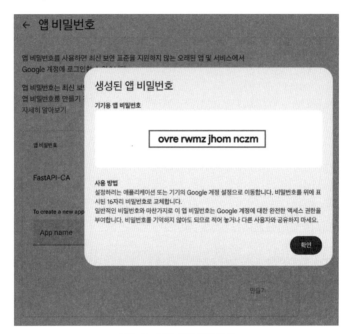

그림 10-4 **앱 비밀번호 생성**

이메일을 발송할 준비가 완료됐다. 이제 파이썬에서 제공하는 기본 이메일 라이브러리인 `smtplib`를 이용해 이메일을 발송할 수 있다. 현재의 이메일 발송 시나리오는 유저가 회원 가입을 했을 때밖에 없다. 따라서 `user` 앱 하위에 구현한다. 하지만 시스템 내에서 범용으로 사용할 이메일 애플리케이션을 만들고자 한다면 `email` 앱으로 따로 분리하는 것이 좋다. 또한 MSA로 확장한다면 별개의 서비스가 될 것이다.

이메일을 다루는 모듈을 `email_service`라고 하자. `email_service`를 구현하기 전에, 앞서 만든 앱 비밀번호를 환경 설정에서 읽어오도록 한다.

코드 10.2 **.env**

```
EMAIL_PASSWORD="ovre rwmz jhom nczm"
```

코드 10.3 config.py

```
--생략--
class Settings(BaseSettings):
    model_config = SettingsConfigDict(
        env_file=".env",
        env_file_encoding="utf-8",
    )

    database_username: str
    database_password: str
    jwt_secret: str
    email_password: str

--생략--
```

이제 `email_service.py`에 이메일 발송 기능을 구현한다.

코드 10.4 user/application/email_service.py

```
import smtplib
from email.mime.text import MIMEText
from email.mime.multipart import MIMEMultipart

from config import get_settings

settings = get_settings()    ❶

class EmailService:
    def send_email(    ❷
        self,
        receiver_email: str,
    ):
        sender_email = "dexter.haan@gmail.com"
        password = settings.email_password    ❶

        message = MIMEMultipart()    ❸
        message["From"] = sender_email
        message["To"] = receiver_email
        message["Subject"] = "회원 가입을 환영합니다."

        body = "TIL 서비스를 이용해주셔서 감사합니다."
        message.attach(MIMEText(body, "plain"))

        with smtplib.SMTP_SSL("smtp.gmail.com", 465) as server:
            server.login(sender_email, password)
            server.send_message(message)
```

❶ 환경변수에서 앱 비밀번호를 읽어와서 사용한다.

❷ 이메일을 보내는 함수. 가입한 유저의 이메일 주소를 인수로 전달받는다.

❸ 그 외의 코드는 모두 `smtp` 라이브러리와 `email` 라이브러리를 이용해 메일을 전송하는 구현이다. 자세한 내용은 파이썬 문서[4]를 참고하자.

이메일 발송 기능을 구현했으니 유저 서비스에서 회원 가입 이메일을 백그라운드로 발송하면 된다. 하지만 그 전에 한 가지 짚고 넘어가야 할 게 있다.

NOTE BackgroundTasks는 Depends로 의존성을 주입할 수 없다.

우리가 지금까지 의존성을 주입할 때 사용했던 `Depends` 키워드는 의존성을 주입할 대상을 호출call한다. 따라서 그 대상은 호출 가능callable해야 한다. 만약 `BackgroundTasks`를 `Depends`로 적용할 수 있다면 `BackgroundTasks` 객체의 생성자가 호출돼 별도의 객체가 생성되고, 이는 백그라운드 작업을 관리하는 관리자가 또 만들어진다는 뜻이다. FastAPI는 이를 허용하지 않는다. 따라서 불편하더라도 엔드포인트 함수에서 (`Depends` 없이) 주입받아야 한다.

코드 10.5 **user/interface/controllers/user_controller.py**

```python
from fastapi import BackgroundTasks, APIRouter, Depends

@router.post("", status_code=201, response_model=UserResponse)
def create_user(
    user: CreateUserBody,
    background_tasks: BackgroundTasks,    ❶
    --생략--
):
    created_user = user_service.create_user(
        background_tasks=background_tasks,    ❷
        --생략--
    )

    return created_user
```

❶ 엔드포인트 함수에서 `BackgroundTasks`를 주입받았다.

❷ 현재 구현상 `BackgroundTasks`가 필요한 곳은 이메일 전송이 필요한 유저 생성 유스 케이스밖에 없다. 따라서 이 객체를 직접 전달해 사용한다.

---

4   https://docs.python.org/ko/3/library/email.examples.html

백그라운드 작업을 서비스에 맡기지 않고, 현재의 컨트롤러에서 처리할 수도 있을 것이다. 하지만, 유저 생성 시에 이루어져야 하는 작업은 애플리케이션 계층에서 다루는 것이 좋다고 생각해서 직접 인수로 전달했다. 이렇게 필요한 모듈까지 객체를 전달해야 하는 방식을 사용해야 하는 면이 조금 아쉽다.

이메일 서비스는 유저 서비스에서 사용한다. 따라서 유저 서비스 객체가 생성될 때 주입받아 사용하도록 수정한다.

코드 10.6 user/application/user_service.py

```
from fastapi import BackgroundTasks, status, HTTPException
from user.application.email_service import EmailService
--생략--

class UserService:
    @inject
    def __init__(
        --생략--
        email_service: EmailService,   ❶
    ):
        --생략--
        self.email_service = email_service

    def create_user(
        self,
        background_tasks: BackgroundTasks,   ❷
        --생략--
    ):
        --생략--
        background_tasks.add_task(   ❸
            self.email_service.send_email, user.email
        )
        return user
```

❶ EmailService 객체를 dependency-injector를 통해 주입받는다.
❷ BackgroundTasks 객체를 인수로 전달받았다.
❸ 회원 가입 유저를 저장한 후 환영 이메일을 백그라운드로 발송한다.

EmailService를 의존성 컨테이너에 넣지 않으면 주입받을 수 없다.

코드 10.7 containers.py

```python
from fastapi import BackgroundTasks
from user.application.email_service import EmailService

class Container(containers.DeclarativeContainer):
    --생략--
    email_service = providers.Factory(EmailService)
    user_service = providers.Factory(
        UserService,
        user_repo=user_repo,
        email_service=email_service    ❶
    )
```

❶ 이메일 서비스 객체를 `UserService` 생성자의 두 번째 인수로 전달되도록 했다.

이제 회원 가입 요청을 다시 수행하면 메일함에 다음과 같은 메일이 도착해 있을 것이다.

그림 10-7 전송받은 환영 이메일

10.2 셀러리

이 절에서는 10.1절에서 `BackgroundTasks`로 수행한 작업을 셀러리로 처리한다. 역시 셀러리의 개념을 먼저 살펴보고 간단한 작업을 구현하는 예를 통해 셀러리의 동작 방식을 이해한다. 그리고 이메일을 백그라운드로 전송하는 작업을 셀러리로 다시 수행한다.

10.2.1 셀러리란?

셀러리Celery[5]는 유닉스 시스템 기반의 **분산 작업 큐**distributed task queue로서, 비동기 작업을 처리하고

---

5 https://docs.celeryq.dev/en/stable/index.html

관리하는 데 사용된다. 주로 백그라운드 작업을 처리하거나 스케줄링하고 분산 환경에서 작업을 실행한다. 파이썬 기반의 메시징 시스템은 셀러리 외에도 레디스 큐Redis queue, RQ, 드라마틱Dramatiq, 휴이huey, AIOHTTP와 같은 것을 고려해볼 만하다. 그 외 최근에는 대규모 시스템에서도 높은 성능을 자랑하는 카프카Kafka가 인기를 끌고 있다.

메시징 시스템은 일반적으로 다음과 같은 특징을 지닌다.

- **작업 큐**

  처리할 작업을 관리하는 큐를 제공한다. 작업은 큐에서 순서대로 처리될 수도 있고, 우선순위에 따라 조정될 수도 있다.

- **분산 환경**

  여러 시스템 간에 작업을 분산해 처리할 수 있다.

- **작업 처리**

  작업을 처리하기 위해 여러 워커(작업자)가 할당돼 동시에 작업을 수행한다.

- **메시지 브로커**

  여러 응용 프로그램 또는 시스템 간에 작업을 전달하고 중개하는 역할을 한다.

이 장에서는 셀러리를 활용해 백그라운드 작업을 수행하는 방법을 살펴본다. 그리고 앞서 `BackgroundTasks`로 수행했던 이메일 발송을 셀러리를 통해 발송하는 방식으로 변경한다. 이메일 전송 작업은 그다지 부하가 큰 작업은 아니지만, 셀러리와 같은 메시징 시스템을 구축해두면 여러 다른 시나리오에서 활용할 수 있다.

셀러리 메시징 시스템은 다음 네 개의 구성 요소로 이루어진다.

1. **브로커**broker

   셀러리에서 작업을 관리하고 전달하는 중간 매개체다. 메시징 시스템에서는 일반적으로 **메시지 브로커**message broker라고 부른다. 어떤 작업이 생성되고 완료될 때까지 그 작업을 관리하고 전달하는 역할을 한다.

2. **백엔드**backend

   작업의 결과를 저장하고 추적하기 위한 저장소다. 작업의 상태, 즉 작업 결과 및 성공 또는 실패 여부를 추적하는 데 사용된다. 주로 데이터베이스나 레디스와 같은 데이터 저장소를 사용한다.

3. **워커**worker

   실제 작업을 수행하는 프로세스 또는 서버를 말한다. 워커는 브로커로부터 할당된 작업을 받아 실행하고, 실행 결과를 백엔드에 기록한다. 여러 대의 워커가 있으면, 작업은 이들 중 하나에 할당돼 병렬로 처리된다.

4. **태스크**task

   셀러리에서 수행되는 개별 작업을 나타낸다. 이는 보통 함수로 표현되며, `@celery_app.task` 데 커레이터로 구현한다. 여기서 `celery_app`은 셀러리 객체를 가리키는 변수의 이름이다. 태스크 는 비동기적으로 실행될 수 있고, 필요한 매개변수를 받아들일 수 있다

브로커와 백엔드의 역할을 하는 시스템으로서 레디스나 RabbitMQ, 아마존 SQS 등을 활용할 수 있다.[6]

표 10-1 **셀러리에서 활용 가능한 시스템**

이름	브로커 역할 가능 여부	백엔드 역할 가능 여부	안정성	모니터링 가능 여부	원격 제어
레디스	O	O	안정적	O	O
RabbitMQ	O	O	안정적	O	O
아마존 SQS	O	X	안정적	X	X
주키퍼Zookeeper	O	X	실험적	X	X

레디스Redis는 백엔드와 브로커로서 작은 메시지를 빠르게 전송하는 데 적합하다. 하지만 데이터 지속성은 메모리에 제한된다. 레디스가 메모리 기반 데이터베이스이므로 당연한 일이며, 큰 메시지 를 다룰 때 적합한 선택지다. 만약 AWS 시스템과 통합한다면 **아마존 SQS**Amazon SQS를 고려할 수 있다. SQS는 확장성이 좋지만 **RabbitMQ**에서 제공하는 일부 기능이 빠져 있다.

---

6 https://docs.celeryq.dev/en/stable/getting-started/backends-and-brokers/index.html

10.2.2 셀러리 환경 설정

이제 FastAPI 서버에서 셀러리를 이용할 수 있는 환경을 구축해보자. 셀러리에서 사용할 백엔드와 브로커는 RabbitMQ를 이용하고 데이터 저장소는 지금까지와 마찬가지로 MySQL을 사용한다.

먼저 셀러리 패키지가 필요하다.

```
$ (fastapi-ca-py3.11) $ poetry add celery
```

다음으로 RabbitMQ를 설치하고 실행해야 한다. 이 책에서는 MySQL과 마찬가지로 로컬 호스트 (FastAPI가 구동 중인 서버)에서 RabbitMQ 서버를 도커로 실행한다. 상용 환경에서는 별도의 서버를 구성해도 된다.

```
$ docker run -d --hostname my-rabbit --name my-rabbit -e RABBITMQ_DEFAULT_USER=root -e
RABBITMQ_DEFAULT_PASS=test -p 5672:5672 -p 15672:15672 rabbitmq:3-management
```

이 명령어에서 각 옵션이 의미하는 바는 다음과 같다.

- `-d`

  도커 컨테이너를 백그라운드에서 실행한다.

- `--hostname`

  도커 컨테이너의 호스트 이름을 설정한다. 이 호스트 이름은 컨테이너 내의 네트워크 설정과 관련된 여러 작업에 사용된다.

- `--name`

  도커 컨테이너의 이름을 지정한다. 컨테이너 ID 대신 사용할 수 있다.

- `-e`

  도커에서 사용하는 환경변수를 지정하는 옵션이다. RabbitMQ 서버에 접속할 유저의 이름과 패스워드를 각각 `RABBITMQ_DEFAULT_USER`, `RABBITMQ_DEFAULT_PASS` 환경변수에 지정했다. 각 각의 값은 MySQL과 같이 `root`, `test`이다.

- `-p`

  포트 설정을 위한 옵션이다. 클라이언트 연결을 위한 기본 포트는 5672를, 관리 인터페이스를 위한 포트는 15672를 사용한다.

- rabbitmq:3-management

  마지막으로 주어진 인수는 도커의 이름과 태그를 나타낸다. `rabbitmq`는 RabbitMQ의 공식 도커 이미지이고, `3-management` 태그는 RabbitMQ의 3.x 버전 중 관리 플러그인이 포함된 버전을 말한다. 이 관리 플러그인은 웹 기반의 사용자 인터페이스를 제공하므로 RabbitMQ 서버의 모니터링과 관리를 손쉽게 할 수 있다.

RabbitMQ 컨테이너가 잘 동작하고 있는지 확인해보자.

```
$ docker ps
CONTAINER ID    IMAGE                  COMMAND                    CREATED
fdc791d8e658    rabbitmq:3-management  "docker-entrypoint.s(생략)"  10 seconds ago
--생략--
STATUS          PORTS                                                                   NAMES
Up 8 seconds    4369/tcp, 5671-5672/tcp, 15671-15672/tcp, 15691-15692/tcp, 25672/tcp    my-
rabbit
--생략--
```

이제 브라우저에서 `http://localhost:15672`에 접속해, 셀러리 도커 컨테이너를 실행할 때 설정한 유저 ID와 패스워드로 로그인하면 관리자 콘솔 메뉴를 확인할 수 있다.

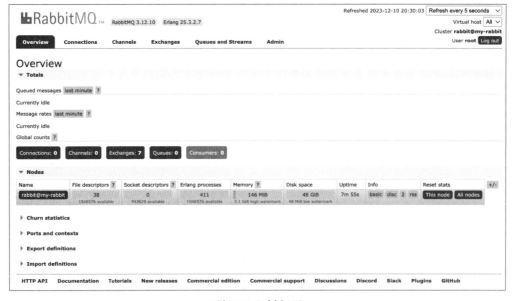

그림 10-8 **RabbitMQ**

다음으로 셀러리 백엔드를 MySQL로 사용하기 위해 새로운 데이터베이스 스키마를 생성한다.

```
mysql> CREATE SCHEMA `messaging`;
mysql> SHOW DATABASES;
+--------------------+
| Database           |
+--------------------+
| fastapi-ca         |
| information_schema |
| messaging          |
| mysql              |
| performance_schema |
| sys                |
+--------------------+
```

10.2.3 셀러리 태스크 수행 예시

이제 간단한 덧셈을 수행하는 함수를 셀러리에서 백그라운드로 실행하고, 그 셀러리 태스크 수행 결과를 데이터베이스에 저장해본다. 먼저 태스크를 정의한다.

코드 10.8 example/ch10_02/celery_task.py

```python
from common.messaging import celery


@celery.task    ❶
def add(x, y):
    return x + y
```

❶ @celery.task 데커레이터를 이용해 add 함수를 셀러리 태스크로 선언했다.

다음은 서비스가 구동될 때 셀러리 객체를 생성하는 작업이 필요하다. 셀러리는 모든 앱에서 공통으로 사용하므로 common 디렉터리의 모듈로 구현한다.

코드 10.9 common/messaging.py

```python
from celery import Celery

from config import get_settings

settings = get_settings()

celery = Celery(    ❶
```

```
        "fastapi-ca",
        broker=settings.celery_broker_url, ❷
        backend=settings.celery_backend_url, ❷
        broker_connection_retry_on_startup=True, ❸
        include=["example.ch10_02.celery_task"], ❹
)
```

❶ 셀러리 객체를 생성한다. 이 전역변수는 곧이어 볼 셀러리 수행 과정에서 인수로 전달된다.

❷ 브로커와 백엔드 URL을 환경변수에서 가져온다.

❸ 이 옵션은 워커가 수행될 때 브로커와의 연결이 제대로 이루어지지 않으면 재시도를 수행할지에 대한 설정이다. 이 옵션이 `True`로 설정되면, 초기 연결 시도가 실패했을 때 워커가 브로커에 대한 연결을 반복적으로 시도한다.

❹ `include` 매개변수를 이용하면 셀러리 태스크가 정의된 모듈을 지정할 수 있다. 태스크를 찾지 못할 때 직접 지정하면 된다.

환경변수 설정도 추가로 필요하다.

코드 10.10 .env

```
--생략--
CELERY_BROKER_URL=amqp://root:test@127.0.0.1
CELERY_BACKEND_URL=db+mysql://root:test@127.0.0.1/messaging
```

코드 10.11 **config.py**

```
class Settings(BaseSettings):
    --생략--
    celery_broker_url: str
    celery_backend_url: str
```

이제 터미널에서 새로운 쉘을 열고 셀러리 워커를 구동시킨다. 만약 워커를 여러 개 생성하고 싶다면 역시 새로운 창에서 각각 구동하면 된다. 중간 수행 결과를 확인하기 위해 `--loglevel=info` 옵션을 주었다.

윈도우 사용자의 경우 `eventlet` 모듈이 추가로 필요하다. `poetry add eventlet` 명령어로 `eventlet`을 설치한 다음 아래 명령어에 `-P eventlet`을 추가해야 한다.

```
(fastapi-ca-py3.11) $ celery -A common.messaging.celery worker -n worker1 --loglevel=info


celery@worker1 v5.3.6 (emerald-rush)

macOS-13.4.1-x86_64-i386-64bit 2023-12-10 22:19:58

[config]
.> app:         fastapi-ca:0x104d95850
.> transport:   amqp://root:**@127.0.0.1:5672//
.> results:     mysql://root:**@127.0.0.1/messaging
.> concurrency: 12 (prefork)
.> task events: OFF (enable -E to monitor tasks in this worker)

[queues]
.> celery           exchange=celery(direct) key=celery


[tasks]
  . example.ch10_02.celery_task.add

[2023-12-10 22:19:59,699: INFO/MainProcess] Connected to amqp://root:**@127.0.0.1:5672//
[2023-12-10 22:19:59,707: INFO/MainProcess] mingle: searching for neighbors
[2023-12-10 22:20:00,736: INFO/MainProcess] mingle: sync with 1 nodes
[2023-12-10 22:20:00,736: INFO/MainProcess] mingle: sync complete
[2023-12-10 22:20:00,769: INFO/MainProcess] celery@worker1 ready.
```

새로운 터미널을 켜서 또 하나의 워커를 실행시키자.

```
(fastapi-ca-py3.11) $ celery -A common.messaging.celery worker -n worker2 --loglevel=info
--생략--
```

두 개의 워커가 메시지를 처리하기 위해 실행 중이다. 이제 셀러리 태스크를 전달한다. 이 명령은 파이썬 셸을 이용하자.

```
>>> from example.ch10_02.celery_task import add
>>> task1 = add.delay(1, 2)
>>> task2 = add.delay(2, 3)
```

두 개의 태스크를 추가했다. 이때 워커가 수행되고 있는 셸을 보면 태스크가 전달돼 수행되었다는 로그를 볼 수 있다. 또한 태스크를 여러 개 생성해보면 여러 워커에 분배돼 수행되는 것을 확인할 수 있다.

```
[2023-12-10 22:22:31,948: INFO/MainProcess] Task example.ch10_02.celery_task.add[9586eaa9-
28bd-420d-ad39-45522591d8bf] received
[2023-12-10 22:22:32,055: INFO/ForkPoolWorker-8] Task example.ch10_02.celery_task.
add[9586eaa9-28bd-420d-ad39-45522591d8bf] succeeded in 0.10476476799976808s: 5
```

태스크의 수행 결과는 `result` 속성으로 알 수 있다.

```
>>> task1.result
3
>>> task2.result
5
```

백엔드의 테이블에는 태스크의 수행 정보가 기록된다. 이를 이용하면 어떤 태스크가 언제 시작됐고 상태를 어떤지, 재시도를 몇 회 했는지 등의 정보를 알 수 있다.

```
mysql> USE messaging;
mysql> SELECT * FROM celery_taskmeta;
+----+--------------------------------------+---------+------------+---------------------+
| id | task_id                              | status  | result     | date_done           |
+----+--------------------------------------+---------+------------+---------------------+
|  1 | 9586eaa9-28bd-420d-ad39-45522591d8bf | SUCCESS | 0x80054B032E | 2023-12-10 13:22:32 |
|  2 | 514960a8-a419-40b5-8130-a4a8ced21819 | SUCCESS | 0x80054B052E | 2023-12-10 13:25:44 |
+----+--------------------------------------+---------+------------+---------------------+
```

```
+-----------+------+------+--------+--------+---------+-------+
| traceback | name | args | kwargs | worker | retries | queue |
+-----------+------+------+--------+--------+---------+-------+
| NULL      | NULL | NULL | NULL   | NULL   | NULL    | NULL  |
| NULL      | NULL | NULL | NULL   | NULL   | NULL    | NULL  |
+-----------+------+------+--------+--------+---------+-------+
```

`result` 컬럼에 적힌 값은 우리가 예상했던 3이나 5가 아니다. 이는 작업의 결과를 직렬화한 데이터이다. 셀러리는 기본적으로 작업의 결과를 바이너리 형태로 직렬화해 저장한다. 이 데이터는 파이썬의 `pickle` 라이브러리 또는 다른 직렬화 방식을 사용해 직렬화된 것일 수 있다. 따라서 이를 해석하기 위해서는 해당 직렬화 방식으로 역직렬화 과정을 거쳐야 한다.

코드 10.12 **example/ch10_02/deserialize_result.py**

```python
import pickle
import binascii

if __name__ == "__main__":
    serialized_result = binascii.unhexlify("80054B052E")  ❶

    result = pickle.loads(serialized_result)  ❷

    print(result)
```

❶ 데이터베이스에서 가져온 직렬화된 결과를 바이트로 변환한다.

❷ 변환된 바이트를 역직렬화한다.

또는 셀러리에서 제공하는 `AsyncResult` 클래스를 이용할 수 있다.

코드 10.13 **example/ch10_02/celery_result.py**

```python
from celery.result import AsyncResult
from common.messaging import celery

if __name__ == "__main__":
    async_result = AsyncResult("87d02ecc-e15e-4769-9cd5-b02283c3506f", app=celery)
    result = async_result.result

    print(result)
```

`AsyncResult` 생성자의 첫 번째 인수는 태스크의 ID다. 두 번째 인수는 앞서 작성한 수행한 객체이다. 이 파일을 직접 실행하기 위해서는 프로젝트의 루트 디렉터리를 파이썬 경로로 설정해야 한다. 그렇지 않으면 `example` 모듈을 찾지 못한다. 셸에서 다음 명령어를 실행해보면 데이터베이스에 저장된 결과를 역직렬화해서 잘 표시하고 있음을 확인할 수 있다.

```
$ export PYTHONPATH=/Users/dexter/src/fastapi-ca
$ python example/ch10_02/celery_result.py

3
```

윈도우에서는 다음과 같이 나타난다.

```
C:\>set PYTHONPATH=%PYTHONPATH%;D:\src\fastapi-ca
C:\>python example\ch10_02\celery_result.py
```

10.2.4 셀러리로 이메일 전송

이제 다시 TIL 서비스 구현으로 돌아가서 회원 가입 시 환영 이메일을 셀러리를 이용해 발송한다. 먼저 이메일을 발송하는 태스크를 정의한다.

코드 10.14 user/application/send_welcome_email_task.py

```python
import smtplib
from celery import Task
from email.mime.text import MIMEText
from email.mime.multipart import MIMEMultipart

from config import get_settings

settings = get_settings()

class SendWelcomeEmailTask(Task):    ❶
    name = "send_welcome_email_task"    ❷

    def run(self, receiver_email: str):    ❸
        sender_email = "dexter.haan@gmail.com"
        password = settings.email_password

        message = MIMEMultipart()
        message["From"] = sender_email
        message["To"] = receiver_email
        message["Subject"] = "회원 가입을 환영합니다."

        body = "TIL 서비스를 이용해주셔서 감사합니다."
        message.attach(MIMEText(body, "plain"))

        with smtplib.SMTP_SSL("smtp.gmail.com", 465) as server:
            server.login(sender_email, password)
            server.send_message(message)
```

❶ 셀러리에서 제공하는 `Task` 클래스를 상속받았다. 이제 이 클래스는 셀러리 태스크로 동작한다.

❷ 태스크에 애플리케이션 내에서 유일한 값을 가지는 이름을 부여한다. 이름을 지정하지 않으면 셀러리는 태스크를 제대로 찾지 못한다.

❸ 태스크가 수행될 때 `run` 함수가 호출된다. 이메일 발송은 `EmailService`에서 구현한 바와 동일하다.

태스크를 셀러리 객체에 등록해주어야 한다.

코드 10.15 common/messaging.py

```
from user.application.send_welcome_email_task import SendWelcomeEmailTask

settings = get_settings()
--생략--
celery.register_task(SendWelcomeEmailTask())
```

새로운 태스크를 만들었으니, 서버와 워커를 재시작한다. 워커가 실행될 때 새로운 태스크가 등록되었음을 확인할 수 있다.

```
[tasks]
  . send_welcome_email_task
```

이전 구현에서는 `BackgroundTasks`를 엔드포인트 함수에서 주입받고, 이 객체를 `UserService`에 전달해 사용했다. 하지만 셀러리 태스크는 특정 목적의 작업만 다루기 때문에 굳이 주입받을 필요가 없이 직접 생성하도록 한다. `BackgroundTasks` 관련 부분을 제거하는 코드는 생략한다.

코드 10.16 user/application/user_service.py

```
--생략--
from user.application.send_welcome_email_task import SendWelcomeEmailTask
--생략--

def create_user(
    --생략--
    # background_tasks: BackgroundTasks,   ❶
    --생략--
):
    --생략--
    self.user_repo.save(user)

    SendWelcomeEmailTask().run(user.email)   ❷

    return user
```

❶ `BackgroundTasks`는 이제 사용하지 않으므로 삭제한다. 유저 컨트롤러의 호출부 제거는 생략한다.

❷ `SendWelcomeEmailTask`를 직접 생성하고 백그라운드로 수행하도록 했다.

이제 새로운 유저를 생성해서 이메일이 잘 전송되는지 확인해보자!

10.3 마무리

이번 장에서는 FastAPI에서 백그라운드 작업을 수행하는 방법을 살펴보았다. FastAPI가 기본으로 제공하는 `BackgroundTasks` 클래스를 활용하는 방법을 먼저 알아보았다. 그러고 나서 비동기 메시징 시스템의 개념과 널리 쓰이는 시스템들을 간략히 살펴본 후, 셀러리를 이용해 이메일 전송 작업을 비동기로 처리했다.

다음 장에서는 FastAPI에서 미들웨어를 다루는 방법을 배운다. 미들웨어를 이용하면 웹 요청과 응답을 더 구조적이고 편하게 작성할 수 있다.

CHAPTER 11

미들웨어

FastAPI의 **미들웨어**middleware는 HTTP 요청과 응답이 처리되기 전에 실행되는 함수를 말한다. 즉, HTTP 요청이 엔드포인트 함수로 전달되기 전이나, 응답이 외부로 반환되기 전에 실행된다. 예를 들어 HTTP 요청이나 응답 객체를 조작하거나, 요청 및 응답에 대한 정보를 수집/기록하거나, 보안을 강화하는 등의 다양한 작업에 활용할 수 있다.

미들웨어를 활용하는 방안은 다양하다. 예를 들면 다음과 같은 것들이 있다.

- **요청 데이터 처리**

  요청에 포함된 데이터 구문을 분석하거나 검증하는 작업을 수행한다. 예를 들어, JSON이나 XML 형식의 데이터 구문을 분석해 서버에서 사용하기 쉬운 형태로 변환할 수 있다.

- **요청/응답 데이터 형식화**

  클라이언트와 주고받는 데이터의 형식을 원하는 형태로 바꾼다. 예를 들어, **스네이크 표기법**snake case으로 돼 있는 응답 본문의 JSON 키 형식을 **캐멀 표기법**camel case으로 바꿀 수 있다.[1]

- **인증/인가**

  사용자의 로그인 상태를 확인하고, 특정 리소스에 대한 접근 권한을 관리한다. 예를 들어, 사

---

1 스네이크 표기법은 파일, 변수, 함수 등의 이름에 있는 띄어쓰기를 밑줄(_)로 표기하는 관례인 **네이밍 컨벤션**(naming convention)
  이다. 파이썬 생태계에서 주로 사용한다. 이에 비해 캐멀 표기법은 전체적으로 소문자를 사용하지만 단어의 첫 글자를 대문자로 한
  다. 단 가장 첫 단어는 소문자로 한다. snake_case, camelCase와 같이 생긴 모양을 따서 이름을 붙였다.

용자가 로그인한 상태인지, 특정 리소스를 사용하기 위한 역할을 가졌는지 확인해 접근을 허용하거나 제한할 수 있다. 우리는 앞서 `auth` 모듈에 있는 `get_current_user`와 같은 함수를 엔드 포인트 함수에 주입받을 때 활용했다. 따라서 이것도 일종의 미들웨어라고 할 수 있겠다.

- 로깅 및 모니터링

  요청과 응답을 기록해 애플리케이션의 성능을 모니터링하고, 문제가 발생했을 때 디버깅에 활용할 수 있다. 이를 통해 트래픽의 패턴을 분석하거나, 장애 탐지 등을 할 수 있다.

- 캐싱

  자주 요청되는 데이터를 캐시에 저장해 빠른 응답 시간을 보장한다. 이는 서버의 부하를 줄이고 전체 성능을 향상시키는 데 도움이 된다.

- 오류 처리

  애플리케이션에서 발생하는 오류를 미들웨어가 처리하도록 할 수 있다. 이를 통해 사용자가 이해할 수 있는 에러 메시지를 제공한다. 또한 오류를 로그로 남겨 문제를 더 빨리 파악하고 해결할 수 있도록 할 수 있다.

- API 속도 제한

  특정 시간 동안 특정 사용자나 IP 주소로부터의 요청 횟수를 제한한다. 이를 통해 애플리케이션에 대한 악의적인 사용이나 과도한 트래픽으로부터 보호한다.

FastAPI는 기본적으로 다음과 같은 미들웨어를 제공한다.

- `CORSMiddleware`

  교차 출처 리소스 공유cross-origin resource sharing, CORS를 활성화한다.

- `GzipMiddleware`

  HTTP 응답을 Gzip으로 압축한다.

- `HTTPSRedirectMiddleware`

  HTTP 요청을 HTTPS로 리디렉션한다.

- `TrustedHostMiddleware`

  특정 호스트에서만 요청을 허용한다.

그 외에도 다른 ASGI 미들웨어나 스탈렛이 제공하는 미들웨어를 사용할 수 있다.[2]

[NOTE] **주의 사항** 만약 주입된 의존성이 `yield`를 사용한다면, 미들웨어 이후에 종료 코드가 실행된다. 예를 들어 데이터베이스 연결을 닫거나 자원을 정리하는 코드가 있다면, 이 코드는 미들웨어가 수행된 후 실행된다.

`BackgroundTasks`는 모든 미들웨어가 수행된 이후에 실행된다.

⬛11.1⬛ 미들웨어 예시

미들웨어를 사용하는 간단한 예를 먼저 살펴보자.[3] HTTP 요청이 전달된 후 응답이 나갈 때까지의 시간, 즉 요청을 수행하는 데에 걸리는 시간을 `X-Process-Time`이라는 응답 헤더에 포함하는 미들웨어를 추가한다. 참고로 커스텀 헤더는 보통 `X-`로 시작한다.

코드 11.1 **example/ch11_01/middleware.py**

```python
import time

from fastapi import FastAPI, Request

def create_sample_middleware(app: FastAPI):  ❶

    @app.middleware("http")  ❷
    async def add_process_time_header(request: Request, call_next):
        start_time = time.time()
        response = await call_next(request)  ❸
        process_time = time.time() - start_time
        response.headers["X-Process-Time"] = str(process_time)  ❹

        return response
```

❶ main.py에서 생성한 FastAPI 객체(`app`)를 전달받는다.

❷ `@app.middleware` 데커레이터를 미들웨어 함수에 선언해 이 함수가 미들웨어임을 알린다.

❸ 미들웨어가 여러 개 등록돼 있다면 다음 미들웨어로 요청 객체를 전달한다. 또는 엔드포인트 함수로 요청을 전달한다.

❹ 응답 객체의 헤더에 수행한 시각을 기록한다.

---

2 자세한 목록은 다음 문서를 참고하라. https://fastapi.tiangolo.com/advanced/middleware/?h=gzipmiddleware#other-middlewares
3 이 예시는 공식 문서에서 가져왔다.

코드 11.2 **main.py**

```
--생략--
from example.ch11_01.middleware import create_sample_middleware

app = FastAPI()
app.container = Container()

--생략--

create_sample_middleware(app)    ❶
--생략--
```

❶ 미들웨어를 등록한다.

`create_sample_middleware` 함수를 따로 선언한 이유는 `@app.middleware` 데커레이터를 사용하기 위함인데, `app` 객체가 선언돼 있는 main.py가 아닌 모듈에서 이 데커레이터가 동작하지 않기 때문이다. 만약 이 방식이 마음에 들지 않는다면 `add_process_time_header` 함수만 데커레이터 없이 선언하고, main.py에서 다음과 같이 미들웨어를 직접 연결할 수도 있다.

```
app.middleware("http")(add_process_time_header)
```

이제 아무 요청이나 보내서 응답 헤더에 미들웨어가 넣어둔 값이 잘 들어있는지 확인해보자. 필자는 로그인 API를 호출했다.

```
$ curl -X 'POST' \
  'http://localhost:8000/users/login' \
  -d 'username=dexter.haan%40gmail.com&password=Test1234' -v

*   Trying 127.0.0.1:8000...
* Connected to localhost (127.0.0.1) port 8000 (#0)
> POST /users/login HTTP/1.1
> Host: localhost:8000
> User-Agent: curl/7.88.1
> Accept: */*
> Content-Length: 50
> Content-Type: application/x-www-form-urlencoded
>
} [50 bytes data]
< HTTP/1.1 200 OK
< date: Sun, 17 Dec 2023 06:57:24 GMT
```

```
< server: uvicorn
< content-length: 195
< content-type: application/json
< x-process-time: 0.23783230781555176  ❶
<
{ [195 bytes data]
<
* Connection #0 to host localhost left intact
{
  "access_token": "eyJhbGciOiJIUzI1NiIsInR5cCI6IkpXVCJ9.eyJ1c2VyX2lkIjoiMDFISDlTTTFHS1Z
ZUUs0N1c5TTJIWjVZVzIiLCJyb2xlIjoiVVNFUiIsImV4cCI6MTcwMjgxNzg0NX0.jRsl_Wosdud5wDXWXSP_Y_HPH
5cpWwLXCSIenUNVw50"
}
```

❶ x-process-time 헤더가 추가됐다.

참고로 -v는 명령어를 실행할 때 발생하는 모든 통신 과정을 자세히 출력해주는 옵션이다. HTTP 요청, 응답 헤더, 사용된 SSL 인증서, 네트워크 연결에 대한 정보 등을 볼 수 있다.

이제 미들웨어가 어떻게 동작하는지 감을 잡았을 것이다. 다음 절부터 TIL 서비스에 미들웨어를 적용해, 코드를 더 깔끔하게 유지할 방법을 알아본다.

(11.2) 콘텍스트 변수

contextvars[4]는 파이썬 3.7 이상에서 사용할 수 있는 모듈로, 비동기 프로그래밍에서 특히 유용하다. contextvars는 이름 그대로 **콘텍스트 변수**context variable를 제공하는 것이 목적이다. 이를 통해 비동기 작업 간에 데이터를 격리해 저장하거나 접근할 수 있다.

여기서 콘텍스트란 실행 중인 코드의 '환경'을 말한다. 예를 들면 다음과 같다.

- 코드 실행 중에 사용되는 변수와 현재의 값
- 현재 실행 중인 코드의 위치, 실행 경로, 그리고 호출 스택의 상태
- 환경 구성 및 설정
- 실행 중인 코드가 액세스하는 파일, 네트워크 연결, 데이터베이스 연결 등의 리소스

---

4 https://docs.python.org/ko/3/library/contextvars.html

- 비동기 프로그래밍에서, 각 비동기 작업(코루틴 등)의 상태. 이는 작업이 중단되었다가 다시 시작될 때, 이전 상태를 유지하는 데 필요하다.

즉, 현재의 코드가 동작하기 위해 필요한 모든 상태를 뜻한다.

비동기 작업은 각각 별도의 콘텍스트를 가진다. 콘텍스트 변수는 ContextVar 클래스의 인스턴스로 표현되며, 각 실행 콘텍스트에 대해 서로 다른 값을 가질 수 있다. contextvars는 **스레드-로컬 저장소**thread-local storage, TLS [5]보다 더 유연하다. 비동기 작업의 각 태스크는 동일한 스레드에서 실행될 수 있지만, 자신만의 독립적인 콘텍스트 변숫값을 가질 수 있다.

contextvars 모듈을 사용하는 방법은 간단하다. 서버가 초기화될 때 전역변수로 선언하면 된다. 테스트를 위한 콘텍스트 변수와 간단한 엔드포인트를 만들어보자.

코드 11.3 **example/ch11_01/context_sample.py**

```python
import asyncio
from contextvars import ContextVar
from fastapi import APIRouter

foo_context: ContextVar[str] = ContextVar("foo", default="bar")   ❶

router = APIRouter(prefix="/context")

@router.get("")
async def context_test(var: str):
    foo_context.set(var)   ❷
    await asyncio.sleep(1)   ❸

    return {
        "var": var,
        "context_var": foo_context.get(),   ❹
    }
```

❶ ContextVar 생성자의 첫 번째 인수는 콘텍스트 변수의 이름이다. 콘텍스트 변수는 여러 개를 생성해 관리할 수 있다. 콘텍스트 변수를 설정(set)하지 않은 상태에서 변수의 값을 읽으려고 (get) 하면 LookupError가 발생한다. 따라서 기본값을 정해두는 것이 좋다.

❷ /context 엔드포인트로 전달된 값을 콘텍스트 변수의 값으로 설정한다.

---

5   스레드-로컬 저장소는 멀티스레딩 환경에서 각 스레드가 자신만의 데이터 복사본을 가질 수 있도록 하는 메커니즘이다.

❸ 처리에 시간이 걸리는 요청을 표현하기 위해 잠시 쉰다.

❹ 콘텍스트 변수에 설정된 값이 여러 요청이 동시에 수행되었을 때 잘 유지되는지 확인한다.

main.py에 라우터를 포함시킨다.

코드 11.4 **main.py**

```
--생략--
from example.ch11_01.middleware import create_sample_middleware
from example.ch11_01.context_sample import router as context_ex_router

app = FastAPI()
app.container = Container()

--생략--
app.include_router(env_ex_routers)
app.include_router(context_ex_router)

--생략--
```

이제 `GET /context` 엔드포인트로 요청을 동시에 보내서 콘텍스트 변수가 유지되는지 확인해보자. 요청마다 전달되는 값이 달라야 한다.

동시에 요청을 보내는 작업은 파이썬 코드로 수행한다. 이를 위해 HTTP 요청, 응답을 다루는 라이브러리가 필요하다. 이 책에서는 `requests`를 사용했다.[6]

```
$ poetry add requests
```

코드 11.5 **example/ch11_01/context_test.py**

```
from concurrent.futures import ThreadPoolExecutor, as_completed   ❶
import requests

def send_request(var: str):   ❷
    response = requests.get(f"http://localhost:8000/context?var={var}")
    return response.json()

if __name__ == "__main__":
    with ThreadPoolExecutor(max_workers=10) as executor:   ❸
```

---

6   `requests` 외에 `httpx`를 설치해 사용하거나, 파이썬에 내장돼 있는 `urllib.request` 모듈이나 `http.client` 모듈을 이용할 수 있다.

```
        futures = [executor.submit(send_request, str(i)) for i in range(10)]  ❹

    for future in as_completed(futures):  ❹
        print(future.result())
```

❶ 동시 수행 작업은 파이썬에서 제공하는 concurrent 모듈을 이용한다.

❷ 수행할 태스크. requests로 요청을 보낸다.

❸ 최대 10개의 워커를 가진 스레드 풀을 생성해, 각 스레드에 요청을 할당한다.

❹ 수행한 결과를 모아서 출력한다.

수행 결과는 다음과 같다. 순서는 바뀔 수 있다.

```
(fastapi-ca-py3.11) $ python example/ch11_01/context_test.py
{'var': '9', 'context_var': '9'}
{'var': '4', 'context_var': '4'}
{'var': '3', 'context_var': '3'}
{'var': '8', 'context_var': '8'}
{'var': '7', 'context_var': '7'}
{'var': '5', 'context_var': '5'}
{'var': '0', 'context_var': '0'}
{'var': '2', 'context_var': '2'}
{'var': '6', 'context_var': '6'}
{'var': '1', 'context_var': '1'}
```

원하던 결과를 얻었다! 여러 개의 요청이 동시에 들어왔지만, 요청마다 콘텍스트 변수를 설정한 값
이 다른 값으로 바뀌지 않고 잘 유지되고 있다.

11.3 유저 활동을 추적하는 로깅

앞 절에서 배운 두 가지 기술, 즉 미들웨어와 콘텍스트 변수를 파이썬에서 제공하는 logging 모듈
과 함께 활용해, 로깅 출력 결과에 현재 요청을 보낸 유저의 정보를 포함하는 모듈을 만들어본다.
이 로깅 모듈을 잘 활용하면 유저의 요청 및 응답 라이프사이클을 추적할 수 있다. 이에 따라 이
슈가 발생했을 때 추가적인 정보를 제공할 수 있어 디버깅에 도움이 된다.

11.3.1 유저 정보를 콘텍스트 변수로 저장하는 미들웨어

현재 TIL 서비스는 하나의 서버에서 여러 서비스가 수행되는 **모놀리식 아키텍처**monolithic architecture

다. 만약 서비스가 커져서 **마이크로서비스 아키텍처**microservices architecture를 도입했다고 하고, 유저의 요청을 처리하기 위해 여러 서비스가 함께 동작하는 경우라면, 어느 서비스에서 어느 서비스로 어떤 유저의 요청이 전달돼 처리되고 있는지 추적해야 한다. 이럴 경우 앞서 설명한 로깅 시스템을 구축해두면 도움이 된다.

먼저 콘텍스트 변수를 관리할 모듈을 새로 만든다.

코드 11.6 **context_vars.py**

```
from contextvars import ContextVar

user_context: dict | None = ContextVar("current_user", default=None)  ❶
```

❶ 유저 정보를 저장할 콘텍스트. 토큰 없이 수행되는 API의 경우 None이 된다.

다음으로 요청 헤더에 포함된 JWT로부터 유저 정보를 추출하는 미들웨어를 만든다. 이는 auth 모듈에 있는 함수와 유사한 역할을 하지만, get_current_user와 get_admin_user는 엔드포인트 함수에 그 수행 결과를 주입해 어떤 엔드포인트를 수행할 수 있는지 검사하는 역할을 하므로 그 쓰임새가 다르다. 따라서 유사한 구현을 다시 수행한다.

코드 11.7 **middlewares.py**

```
from fastapi import FastAPI, Request

from common.auth import CurrentUser, decode_access_token
from context_vars import user_context

def create_middlewares(app: FastAPI):
    @app.middleware("http")
    def get_current_user_middleware(request: Request, call_next):
        authorization = request.headers.get("Authorization")  ❶
        if authorization:
            splits = authorization.split(" ")
            if splits[0] == "Bearer":
                token = splits[1]
                payload = decode_access_token(token)
                user_id = payload.get("user_id")
                user_role = payload.get("role")

                user_context.set(CurrentUser(user_id, user_role))  ❶

        response = call_next(request)
```

```
    return response
```

❶ 요청에 포함된 `Authorization` 헤더에 있는 JWT를 분석해 유저 정보를 추출한다. 유저 정보는
콘텍스트 변수로 저장한다.

요청이 왔을 때 `CurrentUser` 객체를 콘텍스트 변수에 저장해두었다. 이제 이 정보를 활용하는
`logger` 모듈을 작성한다.

11.3.2 커스텀 로거

이제 파이썬에서 제공하는 `logging` 모듈을 이용해 나만의 로깅 모듈을 만든다. 이 로깅 모듈은 디
버깅을 위해 어떤 모듈에서나 사용할 수 있는 공통 모듈이다.

코드 11.8 **common/logger.py**

```python
import logging
from context_vars import user_context

log_format = "%(asctime)s %(name)s %(levelname)s:\tuser: %(user)s: %(message)s"  ❶

# 커스텀 포매터  ❷
class CustomFormatter(logging.Formatter):
    def format(self, record):
        if not hasattr(record, "user"):
            record.user = "Anonymous"
        return super().format(record)

# 커스텀 핸들러  ❸
handler = logging.StreamHandler()
handler.setFormatter(CustomFormatter(log_format))

# 커스텀 로거 설정  ❹
logger = logging.getLogger(__name__)
logger.setLevel(logging.INFO)
logger.addHandler(handler)

# 커스텀 콘텍스트 필터  ❺
class ContextFilter(logging.Filter):
    def filter(self, record: logging.LogRecord):
        record.user = str(user_context.get())
        return True
```

```
logger.addFilter(ContextFilter())  ❻
```

❶ 로그를 출력할 형식을 지정한다. 여기에서 `%(user)s`는 아래에서 설명할 콘텍스트 필터에 추가한 속성이다. 그 외 로깅에 사용되는 속성은 다음과 같다.

속성	설명
`%(asctime)s`	사람이 읽을 수 있는, `LogRecord`가 생성된 시간. 기본적으로 `2003-07-08 16:49:45,896` 형식이다. 쉼표 뒤의 숫자는 밀리초를 나타낸다.
`%(name)s`	로깅 호출에 사용된 로거의 이름
`%(levlname)s`	로깅 수준(`DEBUG`, `INFO`, `WARNING`, `ERROR`, `CRITICAL`)
`%(message)s`	로그 메시지. `msg % args`로 처리된다. `Formatter.format()`이 호출될 때 설정된다.
`args`	로그를 남길 때 전달하는 인수. `%(message)s`에 지정된 형식에 맞게 변환된다. 예를 들어, `logger.info("User %s logged in from %s", "Dexter", "192.168.1.1")`와 같은 로그를 출력할 때, `"Dexter"`, `"192.168.1.1"`가 `args`이고, 메시지 내의 `%s`에 순서대로 대응된다.

그 외 `logging` 모듈에서 기본으로 제공하는 로그 출력 형식은 공식 문서[7]를 참고하라.

❷ 기본 포매터를 상속받아 따로 정의한다. 이렇게 하는 이유는 `log_format`에 `%(user)s`가 있는데, 이 때문에 파일을 저장할 때 유비콘이 새로 시작되는 과정에서 에러가 발생하기 때문이다. 따라서 `LogRecord`가 우리가 추가한 `user` 속성이 없는 경우를 처리해준다.

❸ 마찬가지의 이유로 로그 핸들러를 따로 생성하고, 이 핸들러에 위에서 정의한 포매터를 설정한다.

❹ `logging` 모듈을 이용한 로거를 생성하고, 앞서 만든 핸들러를 추가한다.

❺ 이 부분이 핵심이다. 기본 콘텍스트 필터를 상속받은 필터를 별도로 정의한다. 이때 `filter` 함수에 전달되는 `LogRecord` 객체에 우리가 원하는 `user` 속성을 추가한다.

❻ 따로 정의한 콘텍스트 필터를 로거에 추가한다.

`LogRecord` 객체의 `user` 속성은 `log_format`에서 사용되는 문자열이다. 따라서 콘텍스트 변수에서 가져온 `CurrentUser` 객체를 문자열로 변환해주어야 한다. 이를 위해 `CurrentUser` 클래스에 `__str__` 함수를 추가하자.

---

7 https://docs.python.org/ko/3/library/logging.html#logrecord-attributes

코드 11.9 common/auth.py

```python
@dataclass
class CurrentUser:
    id: str
    role: Role


    def __str__(self):
        return f"{self.id}({self.role})"
```

이제 `CurrentUser`의 객체를 `str` 함수에 전달하면 `id`와 `role`로 표현된 문자열을 얻을 수 있다.

11.3.3 유저 ID가 포함된 로그 출력

드디어 로그를 남길 시간이 됐다! 미들웨어에 요청이 전달되었을 때 로그를 남겨보자.

코드 11.10 middlewares.py

```python
from fastapi import FastAPI, Request
from common.auth import CurrentUser, decode_access_token
from common.logger import logger
from context_vars import user_context

def create_middlewares(app: FastAPI):
    @app.middleware("http")
    def get_current_user_middleware(request: Request, call_next):
        --생략--

        logger.info(request.url)    ❶

        response = call_next(request)

        return response
```

❶ 요청 URL을 출력한다.

main.py에 미들웨어를 등록한다.

코드 11.11 main.py

```python
from containers import Container
from middlewares import create_middlewares
--생략--
app = FastAPI()
app.container = Container()
```

```
--생략--
create_sample_middleware(app)  # 미들웨어를 등록한다.
create_middlewares(app)
```

이제 아무 API나 호출해 로그가 제대로 출력되는지 확인해보라. 필자는 노트 목록 조회 API를 호출했다.

```
2024-01-01 11:18:55,448 common.logger INFO: **user: 01HH9SM1GKVYQK47W9M2HZ5YW2(USER)**:
http://localhost:8000/notes?page=1&items_per_page=10
```

우리가 원하는 형식대로 로그가 잘 출력됐다. 로그 중간에 JWT에 포함된 유저 정보 역시 잘 출력되고 있음을 확인할 수 있다.

11.4 마무리

이번 장에서는 웹서버에서 미들웨어의 개념과 종류에 대해 살펴보았다. 그리고 파이썬에서 제공하는 콘텍스트 변수를 활용하는 방법을 배웠다. 이 둘을 이용해 FastAPI가 제공하는 미들웨어에 사용자의 행동을 추적할 수 있도록 했다.

다음 장에서는 지금까지 작성한 코드에 대해 테스트 코드를 작성한다. 이를 통해 반복적인 테스트를 쉽게 할 수 있고, 안전한 시스템을 구축할 수 있다.

CHAPTER 12

테스팅

테스팅, 특히 코드로 작성한 자동화된 테스트는 소프트웨어 개발 프로세스에서 중요한 부분을 차지한다.

첫째, 당연한 말이지만, 테스트를 수행하면 숨어 있는 버그를 사전에 발견하고 QA 프로세스를 진행하기 전에 미리 예방할 수 있다. 소프트웨어 개발에 있어 기획에서부터 출시까지의 단계에서 동일한 버그를 수정하는 데 걸리는 시간은 뒤로 갈수록 기하급수적으로 늘어난다. 테스트는 테스트 엔지니어의 전유물이 아니다. 최신의 개발 환경에서 개발자는 개발뿐 아니라 테스트도 얼마든지 수행할 수 있다. 더구나 테스트 과정을 코드로 증명하고 공유할 수 있다! 버그가 없을 수는 없겠지만, '백로그의 마무리'를 테스트 코드를 작성하는 것까지(더해서 문서화까지)로 정의해보자.

둘째, 테스팅을 수행하면 유지보수가 편해진다. 테스트 코드는 새로운 기능이나 변경 사항이 기존 코드에 영향을 미치지 않도록 보장하는 데 도움을 준다. 즉, 리그레션 테스트를 쉽게 수행할 수 있다. 새로운 코드가 기존 기능을 깨지 않았는지 빠르게 확인할 수 있으므로 소프트웨어의 유지보수가 쉬워진다.

셋째, 테스트 코드는 그 자체로 대상 코드의 동작을 문서화하는 역할을 한다. 다른 개발자나 팀원들에게 테스트 대상 코드의 동작에 대한 정보를 제공하며, 기능별로 어떻게 동작해야 하는지를 명확히 드러낼 수 있다.

넷째, 테스트 코드는 코드의 품질을 향상시킨다. 테스트 코드를 작성하다 보면 테스트하기 쉬운 구조로 테스트 대상 코드를 리팩터링하는 일이 빈번하게 발생한다. 이 과정에서 테스트 대상 코드의 구조가 개선된다.

마지막으로 자동화된 테스트는 반복적인 테스트 작업을 효과적으로 수행한다. 개발자가 코드를 변경할 때마다 빠르게 검증할 수 있다.

테스트를 작성하는 일은 소프트웨어의 신뢰성, 유지보수성, 그리고 효율성을 높이기 위한 중요한 활동이다.

12.1 도메인 계층 테스트

이 책에서 구현한 도메인 계층은 아주 단순하다. User 도메인 코드를 다시 보자.

코드 12.1 **user/domain/user.py**

```python
from dataclasses import dataclass
from datetime import datetime


@dataclass
class User:
    id: str
    name: str
    email: str
    password: str
    memo: str | None
    created_at: datetime
    updated_at: datetime
```

유저 도메인이 가지는 속성을 dataclass로 선언한 게 전부다. 따라서 딱히 테스트를 수행할 만한 게 없다. 만약 여러분이 속한 조직의 정책이 모든 파일에 대해 테스트가 존재해야 한다는 것이라면 다음과 같은 테스트 코드를 만들 수 있다.

코드 12.2 **user/domain/user_test.py**

```python
from datetime import datetime
from user.domain.user import User


def test_user_creation():
    user = User(
        id="ID_DEXTER",
```

```
        name="Dexter",
        email="dexter@example.com",
        password="password1234",
        memo=None,
        created_at=datetime.now(),
        updated_at=datetime.now(),
    )

    assert user.id == "ID_DEXTER"
    assert user.name == "Dexter"
    assert user.email == "dexter@example.com"
    assert user.password == "password1234"
    assert user.memo is None
```

동어 반복을 하는 느낌이다. 개인적인 의견으로 이런 불필요한 테스트를 작성할 필요는 없다고 생각한다. 이 테스트 코드는 우리의 비즈니스 로직을 테스트하는 게 아니라 파이썬 내장 모듈을 테스트하고 있다. 즉, 어떤 클래스가 `dataclass`로 선언돼 있을 때 객체가 잘 생성되는지를 테스트한다.

만약 도메인 클래스에 좀 더 도메인 로직이 포함돼 있다면 그 로직을 테스트하는 것은 타당하다. 예를 들어, 만약 유저가 생성되었을 때 유저 도메인 내의 `create`라는 함수를 호출하고(현재 우리의 구현은 이렇게 돼 있지 않고 애플리케이션 계층에서 직접 모든 것을 처리한다), 이 함수 내에서 `UserCreatedEvent` 이벤트를 발송하도록 할 수 있다. 그리고 `UserCreatedEvent` 이벤트를 구독하고 있는 다른 모듈이나 서비스에서 유저가 생성되었을 때의 처리(이메일 발송 등)를 한다고 할 수 있다. 이 클래스는 참고용이다.

코드 12.3 유저 도메인에서 UserCreatedEvent를 발송하는 경우

```
from typing import Self
from user.domain.user import User as UserVO

class User:
    def create(self, dto: UserVO) -> Self:
        user = User(   ❶
            --생략--
        )

        user_created_event = UserCreatedEvent(user)   ❷
        send_event(user_created_event)   ❷

        return user
```

❶ 전달받은 유저 데이터(dto)로부터 유저 도메인을 생성한다.

❷ 이때 '유저가 생성되었음'이라는 이벤트를 발송한다.

기존의 `User` 클래스는 값 객체이므로 `VO`를 명시해 구분했다.

이제 이 도메인은 테스트할 가치가 있다. `create` 함수가 호출될 때 `send_event`가 호출되는지, `send_event`의 인수는 `UserCreatedEvent` 객체로 제대로 만들어지는지를 테스트해야 한다. 이와 관련한 내용은 이 책의 범위를 넘어가므로 DDD등 다른 아키텍처와 관련한 자료를 참고하자.

어쨌든 user_test.py는 테스트가 가능하다. 테스트는 파이썬에 내장돼 있는 `unittest` 모듈을 사용할 수도 있지만 최근에는 Pytest를 많이 사용한다. `pytest` 패키지를 설치하자.

```
(fastapi-ca-py3.11) $ poetry add pytest
```

이제 Pytest로 앞서 작성한 테스트를 실행할 수 있다.

```
(fastapi-ca-py3.11) $ pytest user/domain/user_test.py
============================ test session starts ============================
platform darwin -- Python 3.11.6, pytest-7.4.4, pluggy-1.3.0
rootdir: /Users/dexter/src/fastapi-ca
plugins: anyio-3.7.1
collected 1 item
ser/domain/user_test.py .                                              [100%]

============================= 1 passed in 0.00s =============================
```

NOTE 테스트 코드의 파일명을 어떻게 할지, 테스트 코드를 어느 위치에 둘지에 대해 정해진 바는 없다. 필자는 단위 테스트 파일은 테스트 대상과 동일한 위치에 있는 것을 선호한다. 또한 파일 디렉터리에서 대상 모듈과 가까이 있도록 'XXX_test.py'와 같이 '_test'를 파일 이름 뒤에 둔다.
통합 테스트 또는 종단 간 테스트를 수행한다면 별도의 `tests` 폴더에 두고 관리할 수도 있다.

12.2 애플리케이션 계층 테스트

이제 애플리케이션 코드에 대한 테스트를 작성해보자. 테스트 코드는 테스트 대상의 로직에 집중해 작성해야 한다. 따라서 테스트 대상이 사용하는 의존성의 동작을 테스트 더블로 대체한다.

12.2.1 테스트 더블

테스트 대상이 되는 코드는 외부의 구성 요소를 사용한다. 테스트 코드는 테스트 대상 코드가 제대로 동작하는지 검증하는데, 테스트 대상이 다른 모듈의 동작에 의존하므로 그 의존성을 끊어내야 한다. 이는 의존성을 모의하는 것으로 해결할 수 있다.

실제 구성 요소나 모듈을 시뮬레이션 하는 객체를 **테스트 더블**test double[1]이라고 한다. 테스트 더블에는 더미, 페이크, 스텁, 모의 객체, 스파이가 있다.

- **더미**dummy

  테스트 대상 클래스에 전달되지만 절대 사용되지 않는 객체를 말한다. 전달해야 하는 인수가 여러 개이지만 이들 중 몇 개만 수행할 수 있을 때 흔히 볼 수 있다.

- **페이크**fake

  시뮬레이션하려는 대상과 함께 실제로 동작하는 구현체를 가진다. 하지만 보통 훨씬 더 단순한 방법으로 동작한다. 실제 데이터베이스 대신 배열 목록을 사용하는 페이크 데이터베이스를 상상해보자. 이 페이크 객체는 실제 데이터베이스보다 더 다루기 쉽다.

- **스텁**stub

  테스트 과정에서 수행된 호출에 대해 하드 코딩된 응답을 제공한다. 페이크 객체와는 다르게 스텁은 실제로 동작하는 구현체가 없다. 스텁으로 된 `get_user` 함수는 하드 코딩된 유저 목록을 반환한다. 테스트 더블 중 가장 많이 사용된다.

- **모의 객체**mock

  응답을 설정할 수 있다는 점에서 스텁과 같은 역할을 한다. 하지만 모의 객체는 그 이상으로 모든 상호작용을 저장해 단언문에 활용할 수 있도록 해준다. 예를 들어 유저를 저장할 때 같은 이메일의 유저가 이미 존재하는지 확인하는 `find_by_email` 함수가 한 번 호출되었는지를 단언할 수 있다. 모의 객체 역시 테스트 코드에서 즐겨 사용된다.

- **스파이**spy

  이름에서 알 수 있듯이 의존성 호출을 감시하고 기록한다. 하지만 그 기본 목적은 정보 수집이다. 주로 메서드 호출의 횟수, 전달된 매개변수, 호출 순서 등과 같은 행동에 대한 정보를 기록

---

1 《이펙티브 소프트웨어 테스팅》(제이펍, 2023)의 6장 '테스트 더블과 모의 객체'를 참고했다.

한다. 테스트 중에 객체의 상태나 행동을 확인할 수 있고 특별한 검증을 수행하기 위해 사용되지만, 현업에서는 보기 힘들다.

테스트 프레임워크에서 이 개념들을 엄격히 구분해 사용하는 것은 아니다. 따라서 적절한 테스트 더블 모듈을 찾아 테스트를 작성하면 된다. 우리가 사용할 Pytest와 파이썬 내장 Unittest 모듈은 위에서 열거한 테스트 더블을 잘 지원한다.

12.2.2 유저 생성 유스 케이스 테스트

이제 본격적으로 우리의 비즈니스 로직이 모여 있는 복잡한 애플리케이션 계층을 테스트해보자. 이 책에서 테스팅 기법을 모두 다루기에는 그 범위가 너무 넓다. 따라서 단위 테스트와 모의 객체를 사용하는 방법에 집중한다.

유저 생성과 관련한 구현을 테스트하기 전에 테스트 대상을 다시 보자.

코드 12.4 user/application/user_service.py

```python
def create_user(
    self,
    name: str,
    email: str,
    password: str,
    memo: str | None = None,
):
    _user = None
    try:
        _user = self.user_repo.find_by_email(email)
    except HTTPException as e:
        if e.status_code != 422:
            raise e

    if _user:
        raise HTTPException(status_code=422)

    now = datetime.now()
    user: User = User(
        id=self.ulid.generate(),
        name=name,
        email=email,
        password=self.crypto.encrypt(password),
        memo=memo,
        created_at=now,
        updated_at=now,
```

```
    )
    self.user_repo.save(user)

    SendWelcomeEmailTask().delay(user.email)

    return user
```

이 함수는 네 개의 매개변수를 받아서 유저를 생성한 후 User 도메인 객체를 반환한다. 그 과정에서 사용하고 있는 외부 구성 요소는 다음과 같다.

- self.user_repo

  인프라 계층에 존재하는 클래스(UserRepository)의 인스턴스이며 그 구현체의 동작을 알지 못한다.

- self.ulid

  ULID는 외부 모듈(ulid)에서 가져온 클래스다.

- self.crypto

  Crypto는 우리가 만든 유틸 클래스이지만 외부 라이브러리(passlib)에 의존하고 있다.

- user: User = User(생략)

  도메인 계층에 존재하는 구성 요소며 애플리케이션 계층 외부에 있다.

- SendWelcomeEmailTask

  같은 애플리케이션 계층에 존재하지만, 현재 모듈(user_service.py)의 외부에 있다.

우리는 create_user 함수의 동작을 테스트하고자 하고 여기에 집중해야 한다. 위에서 나열한 외부 요소 중, User 도메인 클래스는 현재의 구현이 매우 단순하고 그 아래 계층에 있으므로 직접 객체를 생성해도 무방하다. 따라서 모의가 필요한 요소는 UserRepository, ULID, Crypto, SendWelcomeEmailTask다. 만약 이전 절에서 따로 설명한 예에서와 같이 유저 도메인에서 이벤트를 발송하는 기능을 갖추고 있고, 현재의 구현이 단순 파이썬 객체 외에 다른 구성 요소(이벤트 발송 등)를 사용하고 있다면 이 역시 모의해야 할 것이다.

문제는 테스트 코드에서 모의한 모의 객체를 유저 서비스에 전달해서 사용해야 하는데, ULID, Crypto, SendWelcomeEmailTask의 객체를 직접 생성하고 있다. 이들 구성 요소를 유저 서비스에 전달하는 방법은 여러 가지일 것이다. `UserService` 생성자에 외부에서 생성한 객체를 전달하거나, `create_user` 함수에 전달하도록 할 수 있다. 또 의존성 주입을 활용할 수도 있다.

`ULID`와 `Crypto`는 유저 서비스 외의 다른 모듈에서 많이 사용될 것으로 판단된다. 따라서 이 둘은 의존성을 주입받아 사용하기로 한다. `SendWelcomeEmailTask`는 유저를 생성할 때만 사용하므로 함수의 인수로 전달하면 될 것처럼 보인다. 하지만 우리는 나중에 인터페이스 계층의 테스트도 진행할 예정이다. `create_user` 함수를 호출하는 유저 컨트롤러에서도 역시 이 의존성이 문제가 된다. 따라서 이 역시 의존성 프레임워크의 도움을 받도록 한다.

> NOTE 테스트 코드는 테스트 대상 코드를 개선한다. '테스트하기 쉬운 코드'라는 뜻은 사람이 직접 읽고 (수동) 테스트 시나리오를 만들기 쉽다는 뜻도 포함하지만, '테스트 코드를 작성하기 쉽다'는 의미를 더 강조한다.

코드 12.5 **containers.py**

```python
from ulid import ULID
from utils.crypto import Crypto
from user.application.send_welcome_email_task import SendWelcomeEmailTask
--생략--

class Container(containers.DeclarativeContainer):
    --생략--
    ulid = providers.Factory(ULID)   ❶
    crypto = providers.Factory(Crypto)   ❶
    send_welcome_email_task = providers.Factory(SendWelcomeEmailTask)   ❶
    user_service = providers.Factory(
        UserService,
        --생략--
        ulid=ulid,   ❷
        crypto=crypto,   ❷
        send_welcome_email_task=send_welcome_email_task,   ❷
    )
```

❶ 먼저 의존성 컨테이너에 필요한 구성 요소를 추가한다.

❷ `UserService`의 생성자에 의존성을 주입한다.

유저 서비스의 생성자와 `SendWelcomeEmailTask`를 사용하는 부분을 수정한다.

코드 12.6 **user/application/user_service.py**

```python
class UserService:
    @inject
```

```
def __init__(
    --생략--
    ulid: ULID,
    crypto: Crypto,
    send_welcome_email_task: SendWelcomeEmailTask,
):
    --생략--
    self.ulid = ulid
    self.crypto = crypto
    self.send_welcome_email_task = send_welcome_email_task

def create_user(
    --생략--
):
    --생략--
    self.send_welcome_email_task.delay(user.email)

    return user
```

이제 테스트 코드를 작성할 준비를 마쳤다. 모든 의존성을 모의해 `UserService`가 가진 `user_create` 함수를 테스트해보자. 먼저 정상 케이스부터 만든다.

> NOTE 테스트 주도 개발test-driven development, TDD 필자는 많은 프로젝트에서 테스트 주도 개발을 적용하려 시도한 적이 있다. 하지만 잘 되지 않았다. 단 한 번 제대로 테스트 주도 개발을 적용해 프로젝트를 마무리한 적이 있었는데, 바로 혼자 개발할 때였다. 당시 프로젝트는 작은 안드로이드 앱이었다. 테스트 코드의 양도 많지 않았다.
>
> 그렇지만 프로젝트의 크기가 중요한 게 아니라 팀의 개발 문화가 테스트 주도 개발을 받아들일 수준이 돼 있는지가 핵심이다. 테스트 코드가 없는 코드 베이스에서 작업하고 있다면 테스트 주도 개발을 처음부터 적용하는 것은 무리다. 다른 모듈에 전혀 의존하지 않는 작은 모듈을 만든다면 가능하다.
>
> 테스트 주도 개발이 만능은 아니다. 테스트 주도 개발의 장단점에 대한 논쟁은 끊이지 않는다. 조직에 맞게 시도해보고 적용하도록 하자. 일단 작동하는 코드를 먼저 만들고 리팩터링을 해도 좋다. 블루-그린-리팩터 모자는 우리의 애착 물건이다.
>
> 단, 테스트가 없는 코드는 코드를 부패시킨다. 코드의 변경점이 이전의 테스트를 항상 통과하도록 해 회귀 테스트 이슈가 발생하지 않도록 하자.

테스트 코드를 살펴보기 전에 테스트 코드에서 사용할 `pytest-mock` 패키지를 설치한다. 그리고 `freezegun`을 사용하면 `datetime.now()`와 같이 시간 객체를 다룰 때 항상 일정한 시각의 객체를 얻을 수 있다. 물론 `datetime` 모듈을 직접 모의해도 되지만 `@freeze_time` 데커레이터를 이용해 편리하게 사용할 수 있다.

```
(fastapi-ca-py3.11) $ poetry add pytest-mock freezegun
```

```python
from freezegun import freeze_time
import pytest
from datetime import datetime
from ulid import ULID

from user.application.user_service import UserService
from user.domain.user import User
from user.domain.repository.user_repo import IUserRepository
from user.application.email_service import EmailService
from user.application.send_welcome_email_task import SendWelcomeEmailTask
from utils.crypto import Crypto


❶
@pytest.fixture
def user_service_dependencies(mocker):
    user_repo_mock = mocker.Mock(spec=IUserRepository)
    email_service_mock = mocker.Mock(spec=EmailService)
    ulid_mock = mocker.Mock(spec=ULID)
    crypto_mock = mocker.Mock(spec=Crypto)
    send_welcome_email_task_mock = mocker.Mock(spec=SendWelcomeEmailTask)

    return (
        user_repo_mock,
        email_service_mock,
        ulid_mock,
        crypto_mock,
        send_welcome_email_task_mock,
    )


@freeze_time("2024-01-19")  ❷
def test_create_user_success(user_service_dependencies):
    (
        user_repo_mock,
        email_service_mock,
        ulid_mock,
        crypto_mock,
        send_welcome_email_task_mock,
    ) = user_service_dependencies

    user_service = UserService(
        user_repo=user_repo_mock,
        email_service=email_service_mock,
        ulid=ulid_mock,
        crypto=crypto_mock,
        send_welcome_email_task=send_welcome_email_task_mock,
    )
```

```
❸
id = "TEST_ID"
name = "Dexter Han"
email = "dexter.haan@gmail.com"
password = "password"
memo = "Some memo"
now = datetime.now()

ulid_mock.generate.return_value = id
user_repo_mock.find_by_email.return_value = None
user_repo_mock.save.return_value = None
crypto_mock.encrypt.return_value = password
send_welcome_email_task_mock.delay.return_value = None
send_welcome_email_task_mock.run.return_value = None

❹
user = user_service.create_user(
    name=name,
    email=email,
    password=password,
    memo=memo,
)

❺
assert isinstance(user, User)
assert user.id == id
assert user.name == name
assert user.email == email
assert user.memo == memo
assert user.password == password
assert user.created_at == now
assert user.updated_at == now

❻
user_service.user_repo.find_by_email.assert_called_once_with(email)   ❼
user_service.user_repo.save.assert_called_once_with(user)
user_service.crypto.encrypt.assert_called_once_with(password)
send_welcome_email_task_mock.delay.assert_called_once_with(email)
```

❶ 테스트 함수에 전달할 의존성 픽스처이다. 이때 Pytest가 기본으로 제공하는 `mocker` 객체를 이용해 의존성을 모의한다. Pytest 대신 `unittest.mock` 모듈이 제공하는 `Mocker` 클래스를 사용해도 된다.

❷ 일정한 시각(2024년 01월 19일)이 생성된다.

❸ 모의 객체가 가진 함수의 동작을 모의한다. 즉, 반환값을 임의로 지정한다.

❹ 테스트 대상을 호출한다.

❺ 테스트 대상의 반환값을 예상 정답과 비교한다.

❻ 이 과정에서 의존성 함수의 동작을 점검할 수 있다.

❼ 주어진 인수 `email`이 가진 값(dexter.haan@gmail.com)으로 `find_by_email`함수가 '한 번' 호출됐는지 검사한다. 이 밖에도 동작을 검사하는 여러 기능이 있다. 파이썬 공식 문서[2]를 참고하라.

12.3 인터페이스 계층 테스트

인터페이스 계층 역시 테스트를 복잡하게 작성할 일이 없다. 왜냐하면 대부분의 비즈니스 로직은 애플리케이션 계층에서 구현하기 때문이다. 하지만 구현에 따라 인터페이스 계층에서 데이터 조작이 이루어진다면 애플리케이션에서 했던 것과 마찬가지 수준의 테스트가 작성될 것이다.

계속해서 유저 생성 유스 케이스의 테스트를 진행하자. 유저 생성 인터페이스를 다시 살펴보자.

코드 12.8 **user_controller.py**

```python
class UserResponse(BaseModel):
    id: str
    name: str
    email: str
    created_at: datetime
    updated_at: datetime


@router.post("", status_code=201, response_model=UserResponse)
@inject
def create_user(
    user: CreateUserBody,
    user_service: UserService = Depends(Provide[Container.user_service]),
):
    created_user = user_service.create_user(
        name=user.name,
        email=user.email,
        password=user.password,
    )
```

---

2   https://docs.python.org/ko/3/library/unittest.mock.html#unittest.mock.Mock

```
        return created_user
```

이 테스트는 하는 일이 거의 없다. 외부에서 전달된 데이터는 파이단틱 모델로 정의돼 있으므로 이상이 있다고 해도 파이단틱이 검사한다. 외부 데이터가 제대로 전달되었는지를 테스트하고 싶을 수 있다. 하지만 이는 우리가 만든 코드를 테스트하는 게 아니라 파이단틱 라이브러리를 테스트하게 된다. 라이브러리 테스트가 필요할 수도 있겠지만 이는 라이브러리 작성자에게 맡기자.

결국 테스트 대상은 유저 서비스의 `create_user` 함수뿐이다. 먼저 인터페이스의 동일한 이름을 가진 함수(엔드포인트 함수)가 호출될 때 유저 서비스의 `create_user` 함수가 제대로 호출되는지 검사할 수 있다. 그리고 또 할 게 있을까? 이 함수의 반환값의 형식이 API를 사용하는 클라이언트가 원하는 형식인지 검사할 수 있다. 즉, 반환되는 객체를 검사해야 한다. 하지만, 이 API의 응답 역시 파이단틱 응답 모델을 사용하고 있다. 따라서 필자는 파이단틱 라이브러리를 믿고 이 부분에 대한 테스트는 하지 않기로 결정했다. 왜냐하면 유저 서비스의 `create_user` 함수가 반환하는 값을 테스트 코드에서 모의할 것이기 때문이다. 만약 테스트를 수행한다면 내가 모의한 값을 다시 검사하게 되는 상황이 된다. 이는 불필요한 작업이다. 방금 만든 모의 객체를 그대로 검사하는 게 무슨 의미가 있을까? 따라서 테스트 코드의 모습은 다음과 같이 된다.

코드 12.9 **user/interface/controllers/user_controller_test.py**

```python
import pytest
from user.application.user_service import UserService

from user.domain.user import User
from user.interface.controllers import user_controller


@pytest.fixture
def user_interface_dependencies(mocker):
    user_service_mock = mocker.Mock(spec=UserService)   ❶
    user_mock = User(   ❷
        id="TEST_ID",
        name="Dexter",
        email="dexter.haan@test.com",
        password="password",
        memo="memo",
        created_at="created_at",
        updated_at="updated_at",
    )

    return user_service_mock, user_mock
```

```
def test_create_user(user_interface_dependencies):
    (user_service_mock, user_mock) = user_interface_dependencies

    user_service_mock.create_user.return_value = user_mock    ❶

    user_controller.create_user(    ❷
        user=user_controller.CreateUserBody(
            name="Dexter",
            email="dexter.haan@test.com",
            password="password",
        ),
        user_service=user_service_mock,
    )

    user_service_mock.create_user.assert_called_once()    ❸
```

❶ 엔드포인트 함수에 주입되는 유저 서비스 객체와 생성된 유저 도메인 객체를 모의하는 픽스처이다.

❷ 테스트 대상 함수를 호출한다.

❸ 대상 함수 내에서 사용하는 유저 서비스가 가진 `create_user` 함수가 호출되는지 확인한다.

12.4 인프라 계층 테스트

인프라 계층에 대한 단위 테스트 역시 그다지 다를 게 없다. 유저 생성 유스 케이스에 사용되는 인프라 계층의 함수를 계속 테스트해보자. 테스트 대상 코드를 먼저 확인해보자.

코드 12.10 **user/infra/repository/user_repo.py**

```
class UserRepository(IUserRepository):
    def save(self, user: UserVO):
        new_user = User(
            id=user.id,
            name=user.name,
            email=user.email,
            password=user.password,
            memo=user.memo,
            created_at=user.created_at,
            updated_at=user.updated_at,
        )

        with SessionLocal() as db:
```

```
            db = SessionLocal()
            db.add(new_user)
            db.commit()

    def find_by_email(self, email: str) -> UserVO:
        with SessionLocal() as db:
            user = db.query(User).filter(User.email == email).first()

        if not user:
            raise HTTPException(status_code=422)

        return UserVO(**row_to_dict(user))
```

먼저 find_by_email 함수를 테스트한다.

코드 12.11 **user/infra/repository/user_repo_test.py**

```
from fastapi import HTTPException
import pytest
from unittest.mock import patch, Mock

from user.domain.user import User as UserVO
from user.infra.db_models.user import User
from user.infra.repository.user_repo import UserRepository
from utils.db_utils import row_to_dict

@pytest.fixture
def mock_session_local():    ❶
    with patch(
        "user.infra.repository.user_repo.SessionLocal", autospec=True
    ) as mock_session:
        yield mock_session

def test_find_by_email_user_exists(mock_session_local):    ❷
    mock_user = User(id=1, email="test@example.com", name="Test User")
    mock_db = Mock()
    mock_db.query.return_value.filter.return_value.first.return_value = \
        mock_user    ❸
    mock_session_local.return_value.__enter__.return_value = mock_db    ❹
    user_repository = UserRepository()

    result = user_repository.find_by_email("test@example.com")    ❺

    assert result == UserVO(**row_to_dict(mock_user))    ❻

def test_find_by_email_user_does_not_exist(mock_session_local):    ❼
```

```
    mock_db = Mock()
    mock_db.query.return_value.filter.return_value.first.return_value = None   ❽
    mock_session_local.return_value.__enter__.return_value = mock_db
    user_repository = UserRepository()

    with pytest.raises(HTTPException) as exception:   ❾
        user_repository.find_by_email("nonexistent@example.com")

    assert exception.value.status_code == 422   ❿
```

❶ 이 함수는 테스트 코드에서 SQLAlchmey의 세션을 모의한 픽스처를 제공한다.

❷ 데이터베이스에 대상 유저가 존재하는 경우를 테스트한다.

❸ 유저 저장소가 검색결과로 반환하는 유저 도메인 객체를 모의한다.

❹ 생성되는 세션을 모의한다.

❺ 테스트 대상 코드를 호출한다.

❻ 결과를 비교한다. 데이터베이스가 모의 유저 객체를 돌려준다고 모의했으므로 모든 속성은 동일하다.

❼ 데이터베이스에 대상 유저가 존재하지 않는 경우를 테스트한다.

❽ 유저 저장소의 검색 결과를 None으로 설정한다.

❾ 예외가 일어나는지 확인한다.

❿ 일어난 예외의 상태 코드가 원하는 값인지 확인한다.

이번에는 pytest-mock 패키지에서 제공하는 mocker를 사용하지 않고, unittest의 Mock 클래스를 이용해 모의 객체를 생성했다. 기호에 맞게 사용하도록 하자.

unittest.mock 모듈의 patch 함수는 테스트에서 모의 객체를 사용할 때 주로 활용된다. 이 함수는 특정 객체를 대체해 테스트 중에 모의 객체를 사용하도록 도와주는 역할을 한다. 일반적으로 patch 함수는 with 문과 함께 사용된다. with 블록으로 진입할 때 모의 객체가 생성되고, 블록을 빠져나올 때 모의 객체는 자동으로 정리돼 대체되었던 객체로 복구된다.

위 코드에서 patch 함수의 첫 번째 인수는 모의하고자 하는 대상을 지정한다. 이는 문자열로 경로를 지정하거나 객체를 직접 전달할 수 있다. 두 번째 인수인 스펙(spec)은 특정 객체의 속성이나 메서드에 대한 기대되는 동작이나 형태를 의미한다. 간단히 말하면, 스펙은 어떤 객체가 가져야 하는 인터페이스나 특징을 설명하는 것이다. 예를 들어, 클래스의 메서드에 대한 스펙은 해당 메서드의 이름, 매개변수, 반환값의 형태 등을 정의한다. 스펙을 사용하면 코드의 일관성을 유지하고, 객체 간의 상호작용이 예상대로 이루어지도록 보장할 수 있다. `autospec`을 사용하면 모의 객체를 생성할 때 대상 객체의 스펙을 자동으로 가져와서 설정하므로, 모의 객체가 실제 객체의 동작을 정확하게 모방할 수 있다.

12.5 마무리

이 장에서는 테스트 대상 코드를 테스트하는 방법 중 가장 기본적인 단위 테스트를 적용하는 방법에 대해 살펴보았다. 이 외에도 자동화 테스트 기법은 매우 다양하다. 그 외의 방법은 다른 자료와 책을 참고하도록 하자.

각 계층에서 필요한 수준의 테스트를 작성하는 예를 들었다. 단 하나의 유스 케이스만 다루었기 때문에 그조차 부족할 수 있다. 나머지 부분에 대한 테스트는 여러분께 맡긴다.

찾아보기